Roman Capaul & Markus Ulrich

Planspiele

Simulationsspiele für Unterricht
und Training
Mit Kurztheorie: Simulations- und
Planspielmethodik

W0295232

TOBLER
VERLAG

1. Auflage 2003

© 2003 Copyright by
Tobler Verlag AG
Trogenerstrasse 80, 9450 Altstätten
Tel: 071/755 60 60, Fax: 071/755 12 54
ISDN 071/755 55 74, e-mail:books@tobler-verlag.ch
Internet: www.tobler-verlag.ch

ISBN 3-85612-151-X

Alle Rechte vorbehalten. Nachdrucke, sowie jede optische, akustische und elektronische Aufzeichnung, Speicherung und Wiedergabe, auch auszugsweise, nur mit ausdrücklicher schriftlicher Genehmigung durch den Verlag gestattet.

Vorwort

Es besteht weithin Einigkeit darüber, dass in unseren Bildungsinstitutionen neben den weiterhin bedeutsamen Fachkompetenzen auch die Fähigkeit der Lernenden gefördert werden sollte, selbstgesteuert und in Teams lernen und arbeiten zu können. Die Trias von Fach-, Selbst- und Sozialkompetenz bringt diesen programmatischen Anspruch prägnant zum Ausdruck. Gleichzeitig wissen wir, dass die Umsetzung dieses Postulats erst ansatzweise vollzogen ist. Immer noch bestimmen dozentenzentrierte Methoden in (zu) hohem Masse den Alltag in Schulen und im Training, nicht zuletzt auch deshalb, weil anschlussfähige methodische Konzepte zur Umsetzung der anspruchsvollen Zielvorstellungen nur begrenzt verfügbar sind.

Bei Planspielen denkt man zunächst an komplexe Lehrarrangements, die mit informationstechnischer Unterstützung zumeist über mehrere Tage durchgeführt werden. Volks- und betriebswirtschaftliche Planspiele haben in diesem Kontext eine lange Tradition, wenngleich sie zumeist weniger im Alltag der allgemein- und berufsbildenden Schulen, sondern mehr in der Weiterbildung, im Führungskräftetraining oder im Hochschulbereich zum Einsatz kommen.

Vor diesem Hintergrund bildet der hier vorgelegte Band insofern eine wertvolle Unterstützung, als dass die 13 mehrfach erprobten Planspiele so dimensioniert wurden, dass sie ohne aufwändige Anpassungen gut in den Alltag von Schule und Training eingepasst werden können. Sie bieten Problemstellungen, die für die Lernenden herausfordernd und motivierend sind und daher den Unterricht wesentlich bereichern können. Sie bieten für jede Lehrkraft und jeden Trainer einen reichen Fundus an Anregung und Grundlegung auf der Suche nach der Weiterentwicklung der Lehrkultur – nicht mehr, aber auch nicht weniger!

Dieter Euler
Professor für Wirtschaftspädagogik und Bildungsmanagement an der Universität St. Gallen

Lernen mit Simulationsspielen ist vergnüglich, unterhaltsam, spannend. Aber nicht nur das. Vieles, was man über langfristig wirksames Lernen weiss, kann sich mit Simulationsspielen erfüllen: Sie ermöglichen realitätsnahe Erfahrungen und verbinden kognitive Dimensionen mit Gefühlen und konkreten Handlungssituationen; sie erlauben subjektive Wahrnehmungen und Interpretationen und verknüpfen sie mit den Perspektiven anderer Menschen; und sie regen zum Nachdenken und Vertiefen grösserer Zusammenhänge an, indem sie von der konkreten Erfahrung zur Abstraktion und Verallgemeinerung führen.

Möchten Sie als Lehrperson, Trainerin oder Trainer z.B. nachhaltige Entwicklung als Suchprozess im Umgang mit Konfliktpotential erleben lassen? Oder das Dilemma zwischen industriellem Wettbewerb und Verantwortung? Möchten Sie den Wirtschaftskreislauf auf neue Weise erkennen lassen oder die Erfahrung ermöglichen, wie die individuelle Lebensqualität vom Verhalten anderer abhängig ist? Oder möchten Sie ganz grundsätzlich die Zusammenarbeit unter verschiedenen Menschen thematisieren und Gruppenprozesse bewusst machen? In jedem Fall werden die Lernenden durch das Spielen in die Situation hineingezogen. Überlegungen verbinden sich mit Gefühlen und Handlungen; Spielhandlungen führen zu neuen Erfahrungen oder akzentuieren bisheriges Wissen. In diesem Buch finden Sie zahlreiche Vorschläge und Anregungen, wie Lernen angeregt werden kann. Damit die Erlebnisse aber zu Erkenntnissen werden, braucht es die Auswertung, das Nachdenken über die Erfahrungen und das Einordnen des erworbenen konkreten Wissens in übergeordnete Zusammenhänge. Bei dieser interessanten und wichtigen Aufgabe ist Ihre Kompetenz gefragt. Es ist zu hoffen, dass sich viele Lehrerinnen, Lehrer, Trainerinnen und Trainer auf solche Lehr-Lernprozesse einlassen werden. Das geeignete und höchst ansprechende Material liegt mit diesem Buch vor.

Regula Kyburz
Professorin für Gymnasialpädagogik an der Universität Zürich

Inhalt

Spielübersicht

Spiel	**Lernziele und Anwendungsmöglichkeit**	🕒 *)	**Mögliche Fächer/ Gebiete**
	Framegames (Rahmenspiele)		
Forscher-Spiel	Erwartungen, Vorwissen, Zusammensetzung einer Lerngruppe spielerisch erforschen	45	Alle
Starter-Spiel	Ideen suchen und Vorwissen abklären	20	Alle
Review-Spiel	Repetition von Wissen im spielerischen Wettbewerb	20	Alle
	Kommunikation und Teamentwicklung		
Der sechste Sinn	Teamgeist reflektieren	20	Teambildung, alle Fächer in denen soziale Kompetenzen eine Rolle spielen
Jeu des Muets	Kommunikation, Kooperation, Teamarbeit, Sensibilisierung für Gruppenprozesse	45	
Löcher-Spiel	Kommunikation	20	
	Wirtschaft, Recht und Gesellschaft		
Wahl-Spiel	Wahlprozesse erleben	20	Staatskunde
Geld-Spiel	Geldströme in der Volkswirtschaft simulieren	15	Volkswirtschaftslehre
Himmel und Hölle	Einführung in die Arbeitsteilung	45	Volkswirtschafts- und Betriebswirtschaftslehre, Teambildung
Welthandel	Abhängigkeit zwischen Industrie- und Entwicklungsländern	30	Wirtschaftsgeografgie Volkswirtschaftslehre
	Naturwissenschaften/Nachhaltige Entwicklung		
Baregg-Tunnel-Spiel	Übernutzung gemeinsamer Güter (Tragödie der Allmende)	15	Ökologie, Volkswirtschaftslehre, Wirtschaftsgeographie
Sondermüll	Abfallentsorgung	20	Ökologie, Nachhaltige Entwicklung
Das kleine Nachhaltigkeits-Spiel	Einführung in die nachhaltige Entwicklung, Sensibilisierung für Wertekonflikte	30	Ökologie, Nachhaltige Entwicklung ,Volkswirtschaftslehre

*) Die angegebene Spieldauer ist als Minimalzeit gedacht. Je nach Art und Intensität des Debriefings können die Spiele verlängert werden.

Einleitung

In unseren Planspielseminaren wurden wir immer wieder von den Teilnehmerinnen und Teilnehmern gefragt, ob es nicht kurze, praktische und lernzielorientierte Planspiele gibt. Solche Planspiele sollten wenig Vorbereitung benötigen, maximal 45 Minuten (eine Lektion) dauern und dennoch die Vorteile der Planspielmethode (aktives Lernen, Simulieren von realen Gegebenheiten und den Einbau von spielerischen Elementen) zum Tragen bringen. Aus diesem Wunsch heraus entstand das Vorhaben, eine Dokumentation „Praktischer Simulationsspiele" für Unterricht und Training zusammenzustellen.

Diese kürzeren Planspiele – wir nennen sie in diesem Buch Simulationsspiele – sind im angelsächsischen Raum weit verbreitet, was sich in der englischen, viel breiter greifenden Übersetzung des deutschen Begriffs „Planspielmethodik" direkt niederschlägt: „Simulation and Gaming". Wir haben also kurze Simulationsspiele gesucht bzw. selbst entwickelt, wo nötig übersetzt und mehrfach getestet. Alle dauern 15 bis maximal 45 Minuten und sind ohne weitere Kosten direkt im Unterricht oder in Trainings einsetzbar.

Wir richten uns mit diesem Buch an Lehrpersonen, Trainer/innen oder Erwachsenenbildner/innen, die Ökologie- und Wirtschaftsfächer oder Naturwissenschaften unterrichten oder die gezielte Förderung von Sozialkompetenzen (Kommunikation, Teamfähigkeit, Kooperation, Kennenlernen, Gruppendynamik etc.) aktiv angehen wollen. Alle beschriebenen Simulationsspiele kommen ohne Computer aus.

Simulationsspiele könnten beliebig fein und realitätsnah ausgestaltet werden. Es gibt keine obere Grenze der Komplexität. Die Frage ist allerdings, ob sich solche Komplexität auch in Lernerfolgen niederschlägt. Petranek (1994) schreibt beispielsweise: „Entwickler betrachten ihre Simulationen als einfach und unkompliziert, aber Spielleiter betrachten sie als schwierig und komplex." Meadows (1999) kommt zum Schluss, dass einfache Simulationen oft bessere Lernerfolge bewirken als komplexe. Die vorliegenden Beispiele für Unterricht und Training lassen sich vom Grundsatz leiten „nur so viel Komplexität wie unbedingt nötig" (Ulrich, 2002). Die

Komplexität der Realität wird stark reduziert. Ziel ist, einen raschen Einstieg in komplexere Zusammenhänge zu vermitteln.

Viele Anwender von Simulationsspielen unterliegen der Versuchung, die vorgeschlagenen Regelwerke und Spielbeschreibungen zu differenzieren, um die Realität genauer darzustellen. Dies zahlt sich jedoch oft nicht aus und es kann sogar kontraproduktiv sein. Es ist oft wirksamer, das Simulationsspiel bewusst als prägnante „Karikatur der Wirklichkeit" einzusetzen und in der anschliessenden Auswertung die Verbindung zwischen dem Planspiel und der Realität herzustellen.

Das Buch ist in drei Hauptteile gegliedert. Der einführende Theorieteil (A) stellt die wichtigsten Aspekte der Planspielmethodik in kompakter, praxisorientierter Form dar. Dabei wird sichtbar, dass der Planspielbegriff unscharf und mit vielen Facetten definiert wird. So enthält denn auch nicht jedes der vorgestellten Simulationsspiele alle möglichen Elemente in gleichem Masse. Beispielsweise ist das Spielelement nicht überall gleich ausgeprägt. Der Praxisteil (B) beschreibt die 13 Simulationsspiele, geordnet nach Themen, mit einem übersichtlichen Raster (vgl. S. 43). Im dritten Teil (C, Literatur und Informationsquellen) geben wir verschiedene weiterführende Hinweise für die interessierten Leser und Leserinnen.

Für die männlichen und weiblichen Schreibweisen haben wir eine spielerische Form gewählt. Sie wechseln sich ab hier kapitelweise ab, ohne damit einzelne Kapitel oder Spiele als besonders männlich oder weiblich darstellen zu wollen.

Weitergabe der Spiele

Die Spielbeschreibungen dürfen frei benutzt, kopiert und weitergegeben werden. Eine kommerzielle Verwertung ist jedoch ausdrücklich nicht erlaubt. Zudem muss auf sämtlichen Kopien der volle Quellenhinweis (mit © Verlag, Urheberrecht und Bearbeitung) sichtbar bleiben.

Zusatzmaterial

Weitere Unterlagen zu einzelnen Spielen sowie weiteren Planspielen sind auf folgender Webseite abrufbar: www.ucs.ch (Bereich: service/download).

Feedback

Gerne hören wir von Ihren Erfahrungen mit den Spielen und von den neuen Varianten, die Sie ausgetüftelt und erprobt haben. Sie können diese Feedbacks an die Autoren richten.

Dank

Wir Autoren freuen uns sehr darüber, dass dieses Buch zustande gekommen ist. Es dokumentiert ein Stück unseres je eigenen und unseres gemeinsamen Weges mit Planspielen. Dieser hat uns in Kontakt mit vielen faszinierenden Planspielexpertinnen gebracht. Einige dieser planspielbegeisterten Personen haben mit ihrer Zustimmung zur Veröffentlichung ihrer Spiele dieses Buch möglich gemacht: Elyssebeth Leigh (Professorin an der Faculty of Education, University of Technology, Sydney, Australien; Forscher-Spiel, Review-Spiel), Lee Andresen (Higher Education Consultant, Sydney, Australien; Forscher-Spiel), Maree Jaloussis (Sydney, Australien; Review-Spiel), Dimitri Kavtaradze (Professor an der Faculty of Biology, Laboratory for Ecology and Nature, Moscow State University; Der sechste Sinn, Wahl-Spiel), Serge Kavtaradze, Moskau (Illustrationen zum Wahl-Spiel), Dr. Sivasailam „Thiagi“ Thiagarajan (Workshops by Thiagi, Inc., Bloomington, Indiana, USA; Starter-Spiel, Sondermüll). An dieser Stelle danken wir auch allen Seminarteilnehmerinnen, Lehrpersonen und Studierenden für die zahlreichen Anregungen, die wir in der praktischen Durchführung erhalten haben. Silvia Bissig danken wir herzlich für die sorgfältige Reinschrift.

St. Gallen/Zürich, Juni 2003
Roman Capaul, Markus Ulrich

A Theorieteil

1 Was sind Planspiele und Simulationsspiele?

Beginnen wir die Beantwortung dieser Frage mit einem kurzen historischen Abstecher. Die ersten Planspiele wurden im 19. Jahrhundert von Generälen gespielt, die auf einer modellhaft gedachten Umwelt, dem Plan, ihre Strategien zur Bezwingung der gegnerischen Armeen im Spiel testeten und perfektionierten. Plan bezieht sich also nicht auf einen „Ablaufplan“, sondern auf eine Landkarte, welche die reale Situation vereinfacht darstellte (für weitere Hinweise zur Geschichte der Planspiele verweisen wir auf Capaul 2001; Lane, 1995, S. 608).

Abb. 1: Teilnehmerinnen in einem typischen, brettgestützten Planspiel (COREBIFA – Nachhaltige Entwicklung und Ernährung). Am Tisch sitzen die Vertreterinnen der Rolle „Supermarkt“, die ihre Produkte an die Konsumentinnen (links) verkaufen. Im Planspiel werden Fähigkeiten für die (Mit-)Gestaltung komplexer Veränderungsprozesse vermittelt.

Ein typisches Planspiel lässt sich wie folgt beschreiben:

Das Planspiel versetzt die Teilnehmerinnen in eine fiktive Situation, die ein vereinfachtes Abbild einer speziell ausgewählten, realen oder hypothetischen Situation ist. Während mehreren Spielrunden machen sich die Teilnehmerinnen mit dem Szenario vertraut, sie analysieren die Ausgangslage und die Ziele, führen Verhandlungen und fällen konkrete Entscheidungen. Daraus wird mit Hilfe des Planspielmodells die Ausgangslage für die nächste Spielrunde ermittelt. Der Einsatz eines Computers ist dabei nicht zwingend.

Während der anschliessenden Transferphase werden die Erfahrungen aus dem Planspiel mit der Realität verbunden. Während dieser Reflexionsarbeit entwickeln die Teilnehmerinnen ihre handfesten Erfahrungen aus dem Planspiel zu praxiswirksamem Handlungswissen weiter.

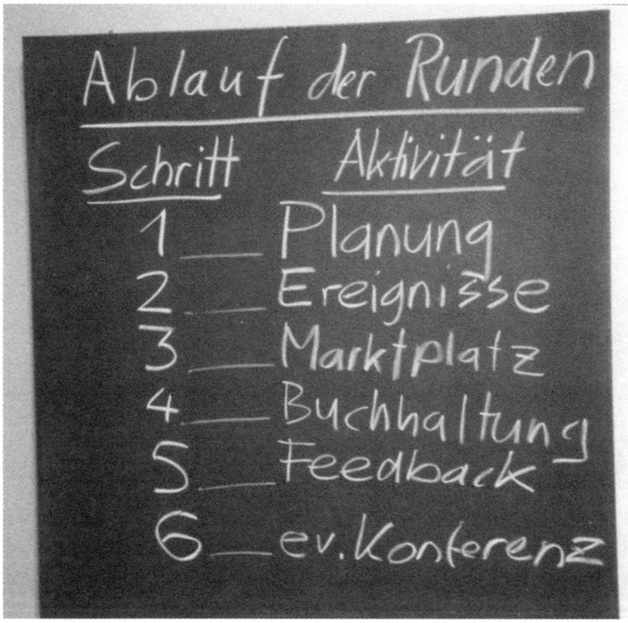

Abb. 2: Der Ablauf der Spielrunden in einem Planspiel ist in der Regel in mehrere Schritte gegliedert.

Wollten wir nun versuchen, aus dieser allgemeinen Beschreibung des Geschehens im Planspiel eine umfassende Definition von Planspielen abzuleiten, gelangten wir in ein unübersichtliches Feld. Das begriffliche Umfeld der Planspielmethode und deren Definitionen sind durch eine verwirrende Terminologie gekennzeichnet, deren Darstellung den Rahmen dieses Buches sprengen würde.

Eine Arbeitsdefinition wie die nachfolgende reicht für den praktischen Einsatz von Simulations- und Planspielen in Unterricht und Training vollkommen aus. Dabei verwenden wir den Begriff **Simulationsspiel** in Anlehnung an die englische Terminologie **Simulation Game** für Kürzestplanspiele, d.h. kurze, einfach einsetzbare Planspiele. Das entscheidende gemeinsame Element, das Planspiele, die Tage oder Wochen dauern, und kurze Simulationsspiele gleichermassen aufweisen müssen, ist folgendes:

Die Teilnehmerinnen erfahren im Plan-/Simulationsspiel einen ausgewählten Teil der Wirklichkeit sehr direkt, indem sie sich aktiv an einer Simulation dieser Wirklichkeit beteiligen.

Das Entscheidende dabei ist, dass die Teilnehmerinnen in eine simulierte Realität „eintauchen" und dabei einen Ebenenwechsel erfahren: Die im Unterricht und in Seminaren verbreitete Metaebene wird verlassen, die Diskussion über Lernthemen wird durch ein „Handeln in den Lernthemen" ersetzt (vgl. hierzu auch Ulrich, 2002). Abbildung 3 zeigt diesen Ebenenwechsel mit dem Eintauchen in die Spielrealität während der Simulationsphase. Deren absolute Dauer ist dabei unerheblich. Methodische Aspekte zur Gestaltung der Spielrealität beschreiben wir in Kapitel 5.

Unsere Definition begrenzt den Planspielbegriff im Gegensatz zu anderen Autoren nicht auf die Thematik der Unternehmensplanspiele. Im Gegenteil, wir verstehen Planspiele in einem breiten Sinn als Instrumente, die verschiedenste Inhalte, insbesondere auch soziale Kompetenzen, vermitteln können. Der Blick über die Grenzen in den angelsächsischen Sprachraum offenbart denn auch eine breite Palette erfahrungsbasierter, spielerischer Lernmethoden, die mit dem Oberbegriff „Simulation and Gaming" zusammengefasst werden. Es ist kein Zufall, dass dieser englische Begriff, der dem deutschen Begriff „Planspielmethodik" am nächsten kommt, viel spielerischer klingt. Planspiele im Ausbildungsbereich werden in der Regel „Simulation Games" genannt, während Strategieplanspiele „Policy Exercises" genannt werden.

Planspiele laufen in drei Hauptphasen ab (Einführung, Simulationsphase, Auswertung. Es ist Aufgabe der Spielleitung, diese Phasen und insbesondere die Übergänge klar zu gestalten und das Spiel entsprechend zu lenken (Vgl. Kapitel 6).

Abbildung 3
Die drei Phasen von Planspielen

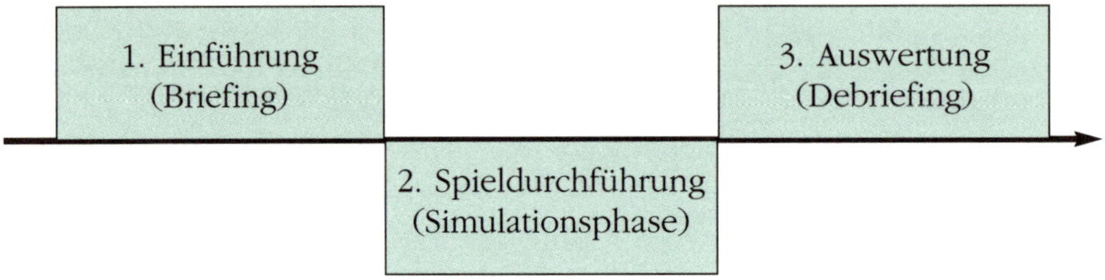

2 Wichtige Begriffe in der Planspielmethodik

Um eventuellen Missverständnissen vorzubeugen, klären wir gleich an dieser Stelle einige wichtige Begriffe, die in der Planspielmethodik verwendet werden (Tab. 1).

Tabelle 1
Wichtige Begriffe der Planspielmethodik

Begriff	Erklärung
Spiel	Tätigkeit, die aus Vergnügen an der Tätigkeit als solcher bzw. an ihrem Gelingen vollzogen wird. Es werden viele Formen unterschieden, darunter das Rollen-, Konstruktions- und das Regelspiel (Meyers Grosses Universallexikon).
Simulation	Eine Simulation ist eine (fiktive) Nachbildung realer Vorgänge. Beispielsweise werden in einem Flugsimulator reale Flugbewegungen mit dem Ziel einer verbesserten Ausbildung nachgebildet. Die Simulation kann sich, wie im Flugsimulator, auf technische Systeme beziehen oder, wie oft bei Planspielen, auf soziale Systeme.
Planspiel	Lernform, bei der die Teilnehmer einen ausgewählten Teil der Wirklichkeit sehr direkt erfahren, indem sie sich aktiv an einer Simulation dieser Wirklichkeit beteiligen. Der Begriff leitet sich ab von der ursprünglichen Form der Planspiele. Diese wurden auf einem Plan, der eine Stadt oder eine militärische Situation darstellte, durchgeführt (Capaul, 2001). Dies ist heute noch in (Gesellschafts-) Spielen, wie z.B. SimCity, Civilization oder Tikal sichtbar.

Begriff	Erklärung
Simulation & Gaming	Begriff (engl.), der dem deutschen Begriff „Planspiel“ entspricht. „Gaming“ bezeichnet den Einsatz einer breiten Palette von Spielen und spielerischen Aktivitäten für die Ausbildung und das Training.
Simulationsspiel	Spiel, das einen ausgewählten Aspekt der Wirklichkeit simuliert. Der Begriff „Simulationsspiel“ wird oft synonym für Planspiel verwendet. Wir bezeichnen damit kurze, einfachere Planspiele. Der Begriff lehnt sich an den englischen Begriff „Simulation Game“ an.
Rollenspiel	Spielerisches Nachahmen von Rollen, die in der Regel verstanden werden als die Summe der gesellschaftlichen Erwartungen an das Verhalten eines Inhabers einer sozialen Position. Das Rollenspiel ist Teil der Entwicklung von Kindern und wird von Erwachsenen zum Vergnügen, für therapeutische oder Ausbildungszwecke gespielt. Zentral dabei ist die Inszenierung einer mehr oder weniger genau festgelegten sozialen Rolle (Vorgesetzte Person, Kunde, Eltern, Prinzessin, etc.).
Modell	Nachbildung eines Teils der Realität, mit dem Ziel, die komplexe Wirklichkeit auf fassbare und für einen bestimmten Zweck relevante Aspekte zu abstrahieren. Das Modell kann als gebautes Modell (z.B. Architektur), als mathematische Formel (z.B. Atmosphärenmodell für Wettervorhersage) oder als qualitative Beschreibung (z.B. Grundlage eines einfachen Planspiels) vorliegen. Wird das Modell „lebendig gemacht“ (berechnet, durchgespielt), so entsteht eine Simulation der Wirklichkeit, beispielsweise während der Durchführung eines Planspiels (vgl. Kap. 5.1, S. 25).
Debriefing	Debriefing ist die englische Bezeichung für die Transfer-/ Auswertungsphase. Diese schliesst unmittelbar an die Spielphase an. Sie ist ein unabdingbarer Baustein für erfolgreiches Lernen mit Planspielen, weil erst in dieser Phase die noch unreflektierten Erfahrungen aus dem Planspiel zu abstrakten Wissenskonzepten verdichtet werden.

3 Die vier methodischen Quellen der Planspielmethode

Die Planspielmethode schöpft aus dem Fundus vier verschiedener Methoden: Simulation, Spiel, Rollenspiel und Fallstudie. Alle vier gehören zum Bereich des experimentellen bzw. erfahrungsbasierten Lernens, d.h. des Lernens aufgrund eigener Erfahrungen. Die Einflüsse der vier Methoden sind je nach Ausprägung des Planspiels unterschiedlich (vgl. Abb. 4, Saunders & Powell, 1998, S. 77). Jedes Planspiel beinhaltet mehr oder weniger Elemente aus den vier methodischen Quellen.

Abbildung 4
Die vier methodischen Quellen der Planspielmethode

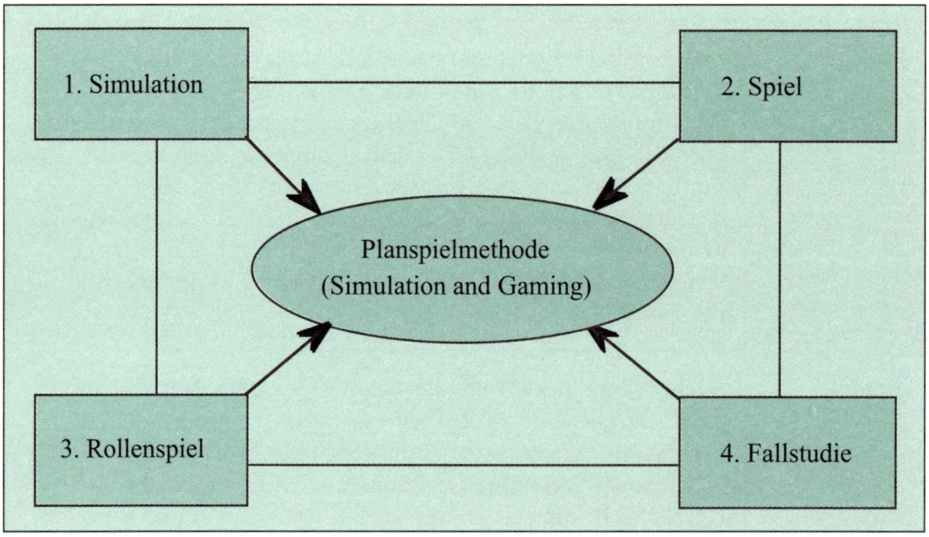

3.1 Simulation

Eine Simulation ist eine dynamische, reduzierte Nachbildung realer Vorgänge. Dynamisch charakterisiert dabei die Tatsache, dass eine Simulation immer einen zeitlichen Ablauf in seiner Dynamik abbildet, d.h. simuliert. Reduziert ist die Nachbildung insofern, als dass sie auf die interessierenden Teile der Wirklichkeit fokussiert ist und alles Überflüssige ausblendet.

Reine Computersimulationen sind im technischen und wissenschaftlichen Bereich verbreitet (z.B. Flugsimulator). Bei diesen Simulationen fehlt die Inszenierung von Zusammenhängen durch Personen. Die Resultate werden einzig anhand mathematischer Formeln vom Computer berechnet.

In Planspielen treten die Teilnehmerinnen an die Stelle der mathematischen Formeln. Sie inszenieren die Zusammenhänge und simulieren eine fiktive Realität, die im Planspiel zu einem äussest wirksamen Experimentierfeld wird. Dies schliesst nicht aus, dass ergänzend auch ein Computermodell, das die Entscheide der Teilnehmerinnen auswertet, beteiligt ist.

3.2 Spiel

Ein Spiel wird als Tätigkeit, die aus Vergnügen an der Tätigkeit als solcher, bzw. an ihrem Gelingen vollzogen wird, bezeichnet. Es werden viele Formen unterschieden, darunter das Rollen-, Konstruktions- und das Regelspiel (Meyers Grosses Universallexikon).

In einem sehr differenzierten Aufsatz erläutert Sauer (1998) die generelle Bedeutung des Spiels. Innerhalb der spielenden Natur (Affen machen z.B. Rollenspiele) und der spielenden Lebewesen sei der Mensch der Spieler par excellence. Er spielt am erfindungsreichsten, am meisten und am längsten. Nicht dass er spielt, ist das Humane an ihm, sondern dass er in dieser Mannigfaltigkeit spielt, und das nicht bloss am Anfang seines Lebens, sondern Zeit seines Lebens. Der Mensch existiert spielend.

Spiele entfernen sich oft von realen Begebenheiten in Richtung fantasierter Gebilde mit einem bestimmten Regelwerk (Keys & Wolfe, 1990, S. 307). In unserem Zusammenhang ist mit „Spielen“ das fach- und sachbezogene Entscheidungs-, Kommunikations- und Interaktionsspiel gemeint (Klippert, 1984, S. 10). Das Spiel ermöglicht es den Teilnehmerinnen, Lernsituationen in dynamischen Ausgestaltungen zu erfassen. Im Unterschied zur Fallstudie erfolgt die Auseinandersetzung mit dem jeweiligen Sachverhalt in der Regel nach Zeiteinheiten oder Spielperioden gegliedert. Im Wort „Spiel“ kommt zum Ausdruck, dass fiktionale und hypothetische Möglichkeitswelten konstruiert und kreativ experimentierend durchgespielt werden (Geuting, 1992, S. 15).

3.3 Rollenspiel

Der dritte Einflussbereich ist das Rollenspiel. Im Rollenspiel übernehmen die Akteurinnen fremde Rollen und betrachten und erleben Situationen aus dieser für sie fremden und ungewohnten Perspektive und entwickeln dadurch ihre eigene Fähigkeit zur Empathie.

Das Rollenspiel wird als Methode bei Teambildung und Managementtraining (z.B. Verkaufstraining, „Umgang mit schwierigen Kundinnen“) und bei Psychotherapien für das Verhaltenstraining und zur Gefühlsverstärkung, bzw. -erleichterung eingesetzt. Rollenspiele sind auch als Freizeitaktivität weit verbreitet. Bei solchen Rollenspielen denkt sich eine Spielleiterin eine Geschichte aus, die Teilnehmerinnen spielen verschiedene Charaktere und inszenieren dabei die Geschichte. Deren Fortgang wird dabei durch das Szenario des Spielleiters und die Handlungen der Teilnehmerinnen bestimmt.

3.4 Fallstudie

Der vierte Einflussbereich sind die Fallstudien. Die Methode der Fallstudien entstand ursprünglich in der universitären juristischen Ausbildung für die Schulung an realen Fällen (Kasuistik). Von der amerikanischen Harvard Business School in Boston wurde die Fallstudie als Methode für die wirtschaftswissenschaftliche Ausbildung übernommen. Von dort trat sie ihren Siegeszug um die Welt an als eine Methode, Ausbildungen realitätsnaher und komplexer zu gestalten. Nebst theoretischer Kenntnisse werden mit Fallstudien auch Sozialkompetenzen, wie Problemlösungs- und Entscheidungsfähigkeit geschult.

Im Rahmen einer Fallstudie werden die Lernenden mit einer konkreten, dem alltäglichen oder beruflichen Handlungsfeld entnommenen Situation konfrontiert, für die bestimmte Fragestellungen zu lösen sind. Hierzu müssen Informationen ausgewertet, Lösungen entwickelt und Entscheidungen getroffen werden. In der Regel fehlt allerdings die Auseinandersetzung mit einem sich fortentwickelnden, dynamischen System.

4 Welche Formen von Planspielen gibt es?

Die Versuche, ein allgemeingültiges Klassierungsschema für Planspiele zu etablieren, waren bisher nicht von Erfolg gekrönt (vgl. z.B. die Angaben zu verschiedenen Planspielen, BIBB Planspielforum, 2003). Dies hängt damit zusammen, dass Simulations- und Planspiele in vielen verschiedenen Disziplinen, mit sehr verschiedenen Zielen und Formaten entwickelt und eingesetzt werden. Wir beschränken uns an dieser Stelle auf eine Auswahl von Kriterien, die eine Einteilung nach eher äusseren Gegebenheiten erlauben sowie auf eine Unterteilung, die sich am eigentlichen Geschehen während eines Planspiels orientiert. Diese Orientierungsschemata sind nützlich, um ein geeignetes Simulations- oder Planspiel auszuwählen oder um den angestrebten Planspieltyp im Fall einer Neuentwicklung zu bestimmen.

4.1 Einteilungskriterien für Planspiele

Tabelle 2 zeigt die wichtigsten Einteilungskriterien für Planspiele, jeweils mit deren beiden polar entgegengesetzten Ausprägungen. Im Allgemeinen besteht allerdings zwischen den beiden Extremen eine kontinuierliche Skala; in der Praxis liegen denn auch die meisten Planspiele irgendwo zwischen den Extrempunkten.

Tabelle 2
Einteilungskriterien für Planspiele
(in Anlehnung an Ebert, 1978, 1993; Geilhardt, 1994; Kaiser & Kaminski, 1994; Ulrich 1997a)

Kriterium	**Ausprägung**	
Freiheitsgrad des Entscheidungsbereiches	Starre Planspiele Die Spieler können lediglich zwischen einer begrenzten Anzahl von gegebenen Entscheidungsalternativen wählen.	Freie Planspiele Der Spielverlauf ist offen und durch die Kreativität der Spieler gestaltbar, weil das Szenario nicht fest vorstrukturiert ist.
Art des primären Lernziels	Planspiele als „Trainingsintrumente" Die Teilnehmer trainieren Fach- und Sozialkompetenz innerhalb eines zuvor festgelegten Rahmens von Lernzielen.	Planspiele als „Strategie-Laboratorien" Die Teilnehmer entwickeln und testen innerhalb des Planspiels Strategien (z.B. für wichtige Unternehmensentscheidungen).
Zielpublikum	Lernende (Sekundarstufe II, Universitäten, Erwachsenenbildung)	Entscheidungsträger (CEOs) aus Wirtschaft und Politik
Art des Lernziels (vgl. Abb. 5)	Vermittlung von Fachkompetenz	Vermittlung von Sozialkompetenz
Komplexität des Spielmodells	Einfache Planspiele Das Modell hat eine einfache Grundstruktur. Die Spieler müssen wenige Informationen verarbeiten.	Komplexe Planspiele Es sind viele Informationen zu verarbeiten und schwierige Entscheidungen zu treffen.

Kriterium	Ausprägung	
Entscheidungs-abhängigkeit	Deterministische Planspiele Die Ergebnisse sind ausschliesslich von den Entscheidungen der Spieler abhängig. Es gibt keine Zufallseffekte oder Glück.	Stochastische Planspiele Diese Planspiele enthalten Zufallselemente, wodurch die Ergebnisse nicht mehr eindeutig durch die Entscheidungen der Spieler bestimmt sind.
Einfluss anderer Spielgruppen	Nicht interaktive Planspiele Die Untergruppen spielen isoliert nebeneinander. Es besteht kein Zusammenhang zwischen den Entscheidungen und Ergebnissen der einzelnen Spielgruppen.	Interaktive Planspiele Bei diesen Spielen treten mehrere Untergruppen (z.B. Unternehmen, die auf gemeinsamen Absatzmärkten tätig sind) auf. Die Entscheidungen und der Spielverlauf werden demzufolge von den anderen Spielgruppen mitbestimmt.
Offenheit (gilt für interaktive Spiele)	Geschlossene Planspiele Die einzelnen Spielgruppen sind voneinander isoliert. Interaktionen sind ausschliesslich über die Spielleitung möglich.	Offene Planspiele Die Spielgruppen dürfen unmittelbar miteinander in Kontakt treten.
Planspiel-Modell (vgl. S. 29)	Abstrakt	Realitätsnah/ wissenschaftlich
Auswertung	Manuelle Planspiele Die Spielauswertung erfolgt manuell. Bei manuellen (oft brettgestützten, sog. haptischen) Planspielen steht i.d.R. die soziale Interaktion stärker im Zentrum.	Computergestütze Planspiele Die Auswertung der Entscheidungen der Teilnehmer erfolgt mit dem Computer. Dies erlaubt, viele Faktoren zu berücksichtigen und damit eine grosse Detailtreue.
Spielort	Vor-Ort-Planspiele Spieler und Spielleitung sind bei der Durchführung am gleichen Ort.	Fernplanspiele Die einzelnen Spielteams und die Spielleitung agieren an getrennten Orten. Durch das Internet gewinnt diese Planspielform an Bedeutung.

Abbildung 5

Lernziele von 31 Planspielen aus dem Bereich Umwelt/Ökologie. Aspekte sozialer Kompetenz werden häufig als Lernziel genannt, während Fachwissen erst an vierter Stelle stehen (Ulrich 1997b).

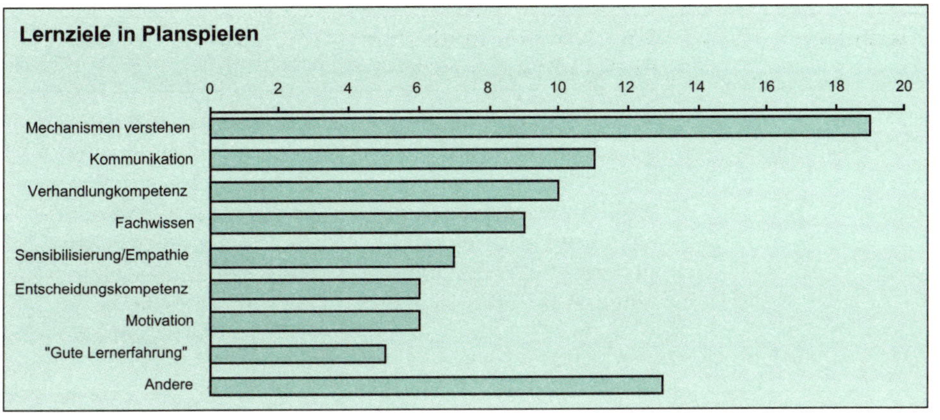

4.2 Unterscheidung anhand des Geschehens im Planspiel

Gredler (1992) unterscheidet die beiden Kategorien Simulationen taktischer Entscheidungsprozesse und Simulationen sozialer Prozesse (Tab. 3). Diese Unterscheidung richtet sich nicht nach äusseren Kriterien, sondern nach der Art des Geschehens, das sich während des Planspiels abspielt und zielt damit auf den inneren Charakter eines Planspiels. In der Praxis sind Mischformen aus beiden Kategorien durchaus möglich.

Simulationen taktischer Entscheidungsprozesse. Die Teilnehmer setzen sich primär mit komplexen Problemstellungen oder Krisensituationen auseinander, indem sie systematisch Informationen in Richtung einer sachlogischen Problemlösung verarbeiten (z.B. militärische Strategiespiele, die meisten Unternehmungsplanspiele).

Simulationen sozialer Prozesse. Die Teilnehmer (inter-)agieren als Mitglieder eines sozialen Gefüges (z.B. Arbeitsgruppe, Klasse, politische Gruppe) mit anderen Personen in diesem Gefüge und versuchen, durch verschiedene Kommunikationsformen (Gespräch, nonverbal, Interview, schreiben etc.) soziale oder politische Ziele zu erreichen. Die Teilnehmer versuchen, in der ihnen zugeordneten Rolle, eine Aufgabe in einem sozialen Milieu zu lösen, wobei die sozialen Prozesse, Analyse von Werthaltungen, Gefühlen und Einstellungsveränderungen im Vordergrund stehen. Jede Person erfährt sich und die Reaktionen der anderen Personen innerhalb des sozialen Gefüges (z.B. Geurts, 1998).

Tabelle 3

Einteilung von Planspielen anhand des Geschehens im Planspiel: Simulationen taktischer Entscheidungsprozesse und Simulationen sozialer Prozesse (Gredler, 1992).

Kriterien	Simulationen taktischer Entscheidungsprozesse	Simulationen sozialer Prozesse
a) Aufgaben für die Teilnehmer	Sich auseinandersetzen mit einem komplexen, sich fortentwickelndem Problem oder einer Krise und diese(s) zu einem sicheren und/oder logischen Ende bringen	Sich auseinandersetzen mit anderen Mitgliedern einer oder mehrerer sozialer Gruppen um ein gegebenes soziales oder politisches Ziel zu erreichen oder um gestellte Herausforderungen zu meistern
b) Zentrum des Interesses der Teilnehmer	Ein sich fortentwickelndes Szenario eines komplexen Problems (oder einer Krise), welches von der Interpretation von Daten und den Lösungsstrategien abhängt	Handlungen der anderen Teilnehmer und deren Wirkung auf die eigenen Annahmen, Ziele und Strategien
c) Stellenwert der Probleme in der Simulation	Explizit - Sie sind die „raison d'être" der Simulation	Implizit - Sie ergeben sich aus den sich widersprechenden Zielen und Handlungen der Teilnehmer
d) Fähigkeiten/ Handlungen der Teilnehmer, welche für den Erfolg erforderlich sind	Wahrnehmung, Interpretation und Strukturierung von Daten; Umsetzung von Strategien, die aufgrund der Dateninterpretation entworfen wurden	Anwendung verschiedener Typen sozialer Kommunikation, wie Interviews, Schreiben, Editieren, Herausgeben, Überzeugen, Verhandeln, Konfrontieren, etc.
e) Hauptsächliche Form der Rückmeldung an die Teilnehmer	Veränderungen in der Art oder dem Zustand des Problems	Reaktionen der anderen Teilnehmer

5 Welches ist das didaktische Grundprinzip der Planspielmethode?

5.1 Die drei Realitätsebenen der Planspielmethode

Die Planspielmethode beruht auf dem Zusammenspiel von drei unterschiedlichen Realitätsebenen (Abb. 6):

- Realität (Realitätsebene I): Der Wirklichkeit, wie sie sich vor unseren Augen unmittelbar zeigt oder wie sie nach einer eingehenden Analyse darstellt, entspricht die Realitätsebene I. Im Hinblick auf ein Planspiel kann immer nur ein ausgewählter Ausschnitt aus der Realität betrachtet werden.

- Planspieldokumentation/Modell (Realitätsebene II): Die Reduktion der vielschichtigen Realität während des Prozesses der Planspielentwicklung führt zu einem vereinfachten Modell der Wirklichkeit, das in der Planspieldokumentation niedergelegt ist (Szenario, Regeln, Rollen, etc.).

- Spielsituation/inszenierte Planspiel (Realitätsebene III): Die Durchführung eines Planspiels mit einer bestimmten Spielleiterin und einer konkreten Teilnehmerinnengruppe erzeugt die Realitätsebene III. Dabei verhalten sich die Planspieldokumentation zum inszenierten Planspiel wie der Text eines Theaterstücks zu dessen Aufführung.

Abbildung 6
Didaktisches Grundprinzip der Planspielmethode (in Anlehnung an Keim, 1992, S. 137ff)

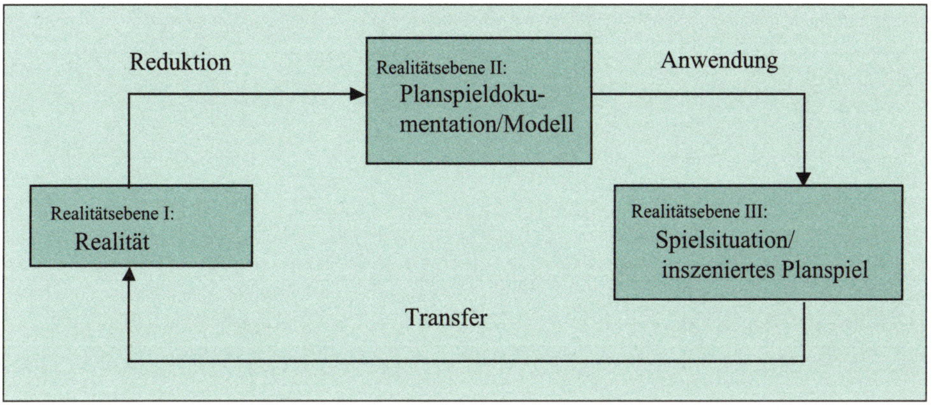

Abbildung 6a zeigt die drei Realitätsebenen in einer differenzierteren Darstellung, welche auch die Bedeutung der verschiedenen Realitätsebenen für die Lernenden bzw. die Lehrenden umfasst. In den folgenden Unterkapiteln werden wir die drei Realitätsebenen und deren Bezug zueinander genauer untersuchen.

Abbildung 6a

Die Verknüpfung der drei Ebenen der Realität (Ammann, 1989, 94)

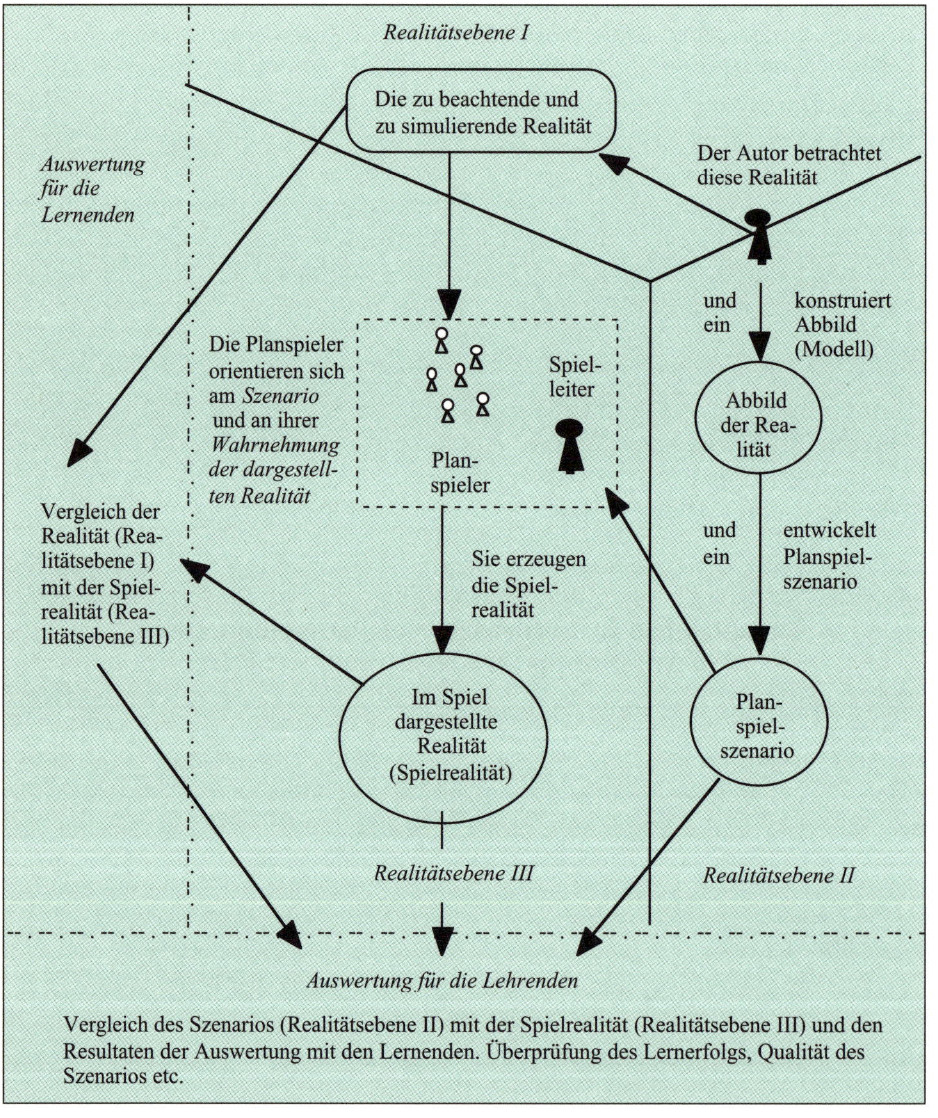

5.2 Realität (Realitätsebene I)

Ausgangssituation ist immer die gegebene und beobachtbare Realität menschlicher Interaktionen im Rahmen von Organisationen und Systemen. Dabei wird immer nur ein Teilbereich der Realität beobachtet, wozu Systemgrenzen eingeführt werden müssen, die den interessierenden Teil der Wirklichkeit vom Rest abgrenzen.

5.3 Planspieldokumentation mit Modell (Realitätsebene II)

Während der Planspielentwicklung wird die vielschichtige Wirklichkeit mit ihren komplexen Zusammenhängen drastisch reduziert (vgl. detaillierter Capaul, 2001). Die Reduktion ist in diesem Zusammenhang das didaktische Instrument, um die komplexe Wirklichkeit für das jeweilige Zielpublikum begreifbar und nachvollziehbar und in einer Lernumgebung spielbar zu machen.

Um die genannte Fassbarkeit zu erreichen, ist ein gewisser Realitätsverlust oft unumgänglich (Lenzen, 1997, S. 58). Es kann sogar erwünscht sein, dass das Planspiel wie eine Karikatur die beobachtete Realität nicht eigentlich abbildet, sondern eine eigene, neue, didaktisch ausgerichtete Realität schafft, die bestimmte Perspektiven gegenüber der simulierten Realität hervorhebt und verdeutlicht (Vagt 1983, S. 96). Ein Spiel darf die simulierte Realität aus didaktischen Gründen also übertreiben oder überzeichnet abbilden. Die Spielumgebung soll zudem die Freude am Lernen wecken. Es bedarf bei einer grösstmöglichen kreativitätsfördernden Freiheit einer geplanten Steuerung innerhalb eines Regelwerkes. Das Spielelement wird somit für vielfältige pädagogische Zwecke nutzbar gemacht (Sauer 1997, S. 8). Ausbildungsziele werden zu einem primären Zweck von Planspielen (Lane, 1995, S. 604).

Ideal ist, wenn die Reduktion so gestaltet wird, dass eine Variation der Spielanlage möglich ist. Beispielsweise ist es hilfreich, wenn die Komplexität und das Anspruchsniveau der kognitiven Auseinandersetzung im Verlaufe des Spiels variiert und gesteigert werden können. Wenn das dem Spiel zugrundegelegte Modell zudem offen gestaltet ist, ergeben sich vielfältigere Einsatzmöglichkeiten für Lern- und Erkenntnisprozesse und das Planspiel kann leichter an die Lernvoraussetzungen verschiedener Zielgruppen angepasst werden.

Computer, Planspiele und Effizienz der Lernprozesse: Computer können komplexe Gegebenheiten für das Planspiel fassbar machen. Die Auswirkung von Computern auf die Effizienz der Lernprozesse darf allerdings nicht überschätzt oder automatisch angenommen werden. Computereinsatz macht nur Sinn, wenn er einen Beitrag zur optimaleren Lernzielerreichung leisten kann (Capaul, 2001, S. 155). Einige zentrale Möglichkeiten und Grenzen des Computereinsatzes im Rahmen von Planspielen werden im Folgenden zusammengefasst.

Computer ermöglichen eine bildhafte Visualisierung. Die Resultate der Entscheide der Teilnehmerinnen oder das dem Planspiel zugrunde liegende Fachwissen können in ihrer Dynamik abgebildet und veranschaulicht werden. Modelle werden dadurch begreifbarer. Allerdings ist bei der Spielkonstruktion darauf zu achten, dass die Modellannahmen und die zugrunde liegenden Gleichungen nicht in der Black Box des Computers verschwinden. Erst die transparente Handhabung der Modellannahmen garantiert den angestrebten Transfer der Erkenntnisse aus dem Spiel in die, durch das Modell abgebildete, Realität (Lüpertz, 1997, Buddensiek, 1999, S. 354).

Bei Fernplanspielen ermöglicht das Internet den schnellen Austausch von Daten zwischen verschiedenen Stellen (zwischen Spielgruppen oder zwischen einer Spielgruppe und der Spielleitung). Über das Internet können weiter relevante Daten abgerufen und im Rahmen der Problemstellungen im Planspiel verarbeitet werden. Bei interaktiven Online-Spielen (Intranet und Internet) ist die Teilnehmerin direkt mit einem Server verbunden, der die Eingaben auswertet und der Planspielerin die Berichte und Ergebnisse in Echtzeit zurückmeldet.

Die Abstraktionspyramide: Egal ob mit oder ohne Computer, der Zwang zur Reduktion führt zu einem didaktischen Konflikt zwischen dem Anspruch an ein möglichst reales Abbild der Wirklichkeit und einer lerngerechten, von Lehrenden und Lernenden nachvollziehbaren, Reduktion der Materie. Die Lösung liegt darin, die Lernziele, die mit dem Planspiel erreicht werden sollen, klar zu definieren und das dazu erforderliche Abstraktionsniveau festzulegen.

Duke (1996) spricht in diesem Zusammenhang von Abstraktionspyramide („cone of abstraction", Abb. 7) mit zwei Extrema. Die Basis der Pyramide bilden Planspiele, die sich präzise an die Realität anlehnen und oft aufwändige Computermodelle beinhalten. Beispiele dafür sind Planspiele für die Ausbildung im Umgang mit komplexen technischen Anlagen (z.B. Mitarbeitende in Kernkraftwerken).

Abbildung 7
Abstraktionspyramide

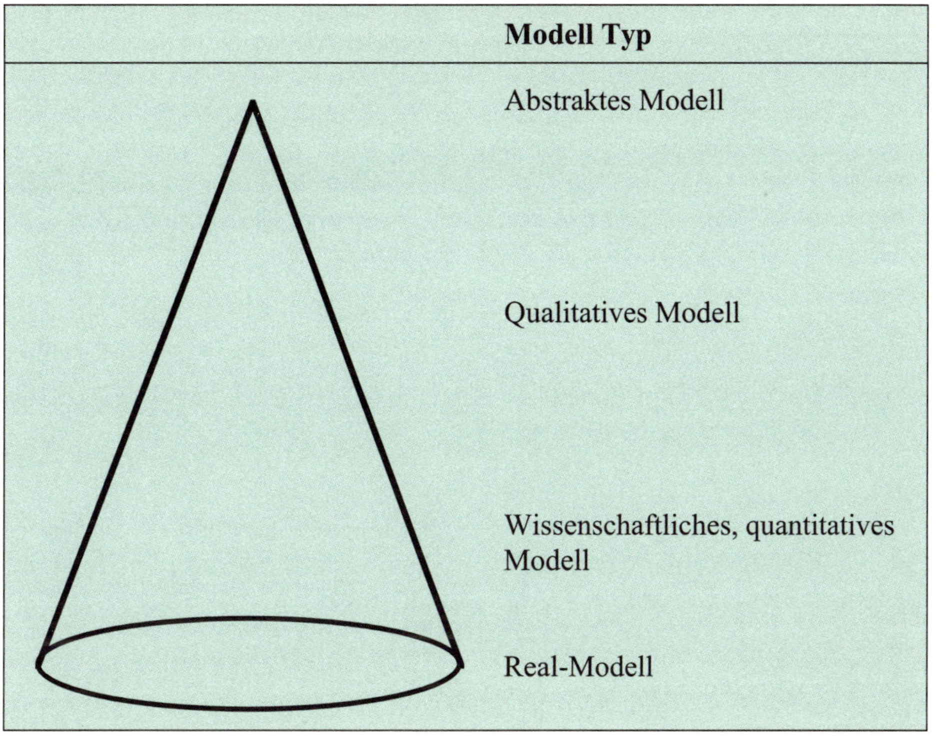

An der Spitze der Pyramide stehen Planspiele, die eine bestimmte Realität maximal abstrahiert, karikiert überhöht darstellen (ein Beispiel eines solchen Plan- bzw. Simulationsspiels ist das Jeu des Muets, das ausgewählte Aspekte der Teamarbeit in abstrahierter Weise, darstellt, S. $$xx). Bei den meisten Planspielen liegt der Abstraktionsgrad zwischen den Extrempolen.

Die Festlegung des Abstraktionsgrades und damit des Ausmasses der Realitätsreduktion sollte verschiedene Aspekte berücksichtigen. Die Realität sollte nur so stark reduziert werden, wie die wirklichen Zusammenhänge, Wechselwirkungen und dynamischen Entwicklungen erkennbar bleiben. Es sollte weiter darauf geachtet werden, dass der Lernprozess im Planspiel nicht zu stark vereinfacht (elementarisiert) wird, da sonst Sinnzusammenhänge verfälscht, „übervereinfacht" werden oder verloren gehen. Umgekehrt sollte die Realität im Planspiel soweit vereinfacht werden, dass wesentliche Aspekte deutlich sichtbar sind. Ebenso sollte die Planspielumgebung so aufbereitet sein, dass sie der kognitiven Struktur der Spielerinnen angepasst ist (Lenzen, 1997; Kaiser & Kaminski, 1994).

Je nach Zielsetzung wird das Planspiel weiter oben oder unten auf der Abstraktionspyramide angesiedelt sein. Das Modell, das dem Planspiel zugrunde liegt, sollte idealerweise dem gewünschten Abstraktionsgrad entsprechen (detailliertere Beschreibung in Ulrich, 1997b):

- *Stark abstrahierte Modelle:* Planspiele, die auf stark abstrahierten Modellen basieren, thematisieren in der Regel nur einen punktuellen Aspekt der Realität. Falls Zahlen verwendet werden, haben diese nur eine qualitative Bedeutung. Diese Planspiele sind breit einsetzbar und können den ausgewählten Teilaspekt sehr plastisch vermitteln.

- *Qualitative Modelle:* Diese Modelle liegen Planspielen zugrunde, welche die Realität in qualitativer Weise wiedergeben. Falls im Planspiel Zahlen und Formeln vorkommen, stellen diese bloss relative Grössen dar, die mit realen Zahlen nicht direkt verglichen werden können.

- *Wissenschaftlich basierte, quantitative Modelle:* Die Planspiele dieser Gruppe beruhen auf Modellen mit exakten mathematischen Gleichungen, deren Resultate mit realen Grössen direkt verglichen werden können. Diese Modelle werden teilweise sogar unabhängig vom Planspiel angewendet, z.B. für die wissenschaftliche Forschung.

- *Real-Modelle:* Bei dieser letzten Klasse von Modellen existiert kein explizites Modell. Vielmehr dient die Realität, wie sie die Teilnehmerinnen oder die Spielleitung wahrnehmen, als Modell, an dem sich Verlauf und Auswertung des Planspiels orientieren. Dies setzt voraus, dass die Teilnehmerinnen gut mit der im Planspiel behandelten Realität vertraut sind. Die Reduktion wird dabei den Einzelnen überlassen und allenfalls durch die Spielanlage mitbeeinflusst (z.B. durch Zeitdruck).

Das Resultat dieser Reduktion, einschliesslich der Wahl und Ausgestaltung des Modells ist das fertige „Planspiel in der Schachtel", mit all seinen konstituierenden Elementen (Modell, Szenario, Rollen, Regeln, Ereignisse, etc.).

5.4 Spielsituation (Realitätsebene III)

Sobald das Planspiel „aus der Schachtel ausgepackt" und konkret durchgeführt wird, entsteht die eigentliche Spielrealtät (Realitätsebene III, (Ammann, 1989, 82). Diese entwickelt sich während der Spielperioden durch die Dynamik des Planspiels und die Interaktionen der Beteiligten. Deren Ablauf, Interaktionen und Resultate hängen nebst dem eingesetzten Planspiel von weiteren Faktoren ab:

- Ausgestaltung und Leitung durch die Person der Spielleiterin
- Zusammensetzung und Handlungen der Teilnehmerinnengruppe
- Umfeld des Planspielanlasses (vorherige, nachfolgende Ereignisse, institutionelle Einbettung, etc.)

Die Erfahrungen, welche die Teilnehmerinnen auf dieser Realitätsebene machen, sind das eigentliche Spielerlebnis. Auf dessen Grundlage lassen sich die beabsichtigten Lernziele erreichen.

Abb. 8: Die Realitätsebene III im Planspiel.
In der Spielsituation wird die Metaebene verlassen und es entfaltet sich die Spielrealität. Das Foto zeigt einen Ausschnitt aus dem Planspiel COREBIFA mit einer Vertreterin der Lebensmittelindustrie.

5.5 Transfer

Ohne Transfer würde das Wissen, das im spezifischen Lernkontext der Planspielumgebung erworben wurde, weitgehend träges Wissen bleiben, das eng an die ursprüngliche Lernsituation gebunden bleibt und sich nicht aus dieser in andere Kontexte übertragen lässt (Prinzip der Dekontextualisierung) (Mandl, Gruber & Renkl, 1994).

Deshalb ist nach der eigentlichen Simulationsphase eine Reflexion unabdingbar. Der Ausgangspunkt ist dabei die Spielrealität, die mit der dem Spiel zugrunde liegenden Realität konfrontiert wird. Die Analyse insbesondere der beiden Realitätsebenen I und III löst für die Spielerinnen einen wichtigen Lernprozess aus, der die erlebten Erkenntnisse für die eigene Wirklichkeit verwertbar macht.

Damit gewinnt die Planspielmethode einen unschätzbaren Lernnutzen. Die in der simulierten „Realität" (Realitätsebene III) gelernten Sinnzusammenhänge lassen sich in die bekannte Umgebung des Lernenden oder eine spätere Anwendungssituation (Realitätsebene I) übertragen (transferieren) und können praktisch anwendet werden.

Übrigens auch die Spielleitung kann während der Transferphase lernen. Der Vergleich der drei Realitätsebenen ergibt wertvolle Impulse und Hinweise für die Verbesserung des Planspiels und für die Anhebung der Qualität zukünftiger Durchführungen, einschliesslich der Verwertbarkeit der Erkenntnisse aus dem Planspiel.

Die praktische Ausgestaltung des Transfers beschreiben wir im Kapitel 6.3 (S. 39).

6 Wie laufen Planspiele ab?

In diesem Kapitel stellen wir die Anwendung der beschriebenen Theorie für die Durchführung von Simulations- und Planspielen dar. Damit vermittelt dieses Kapitel die Grundlagen für den Einsatz der im Teil B beschriebenen Simulationsspiele. Je ein Unterkapitel widmet sind den drei Phasen Einführung, Spieldurchführung und Auswertung (vgl. Abb. 3, S. 16).

6.1 Einführung (Briefing)

Während des Briefings werden die Spieler in das Planspiel eingeführt. Die Spielregeln, das Ziel und der organisatorische Rahmen sollten dabei für alle Beteiligten klar ersichtlich werden.

Hilfreich ist in diesem Zusammenhang die folgende Unterscheidung:
- **Verantwortliches Handeln:** Die Teilnehmer handeln im Planspiel verantwortlich, wie sie es im richtigen Leben täten. Beispielsweise werden Vereinbarungen nicht kaltblütig gebrochen. Jones (1996) bezeichnet ein solches Planspiel als Simulation, engl..

• **Gewinnen um jeden Preis:** Während des Planspiels versucht jeder, unter Einsatz aller dienlichen Mittel wie Finten, Tricks, etc., zu gewinnen. Beispielsweise können Vereinbarungen kaltblütig gebrochen werden, falls dies einen Vorteil bringt (Jones bezeichnet ein solches Planspiel als Game.) Prinzipiell sind in einem Simulations- oder Planspiel beide Verhaltensweisen möglich. Erst die Vermischung der beiden schafft Probleme. Es ist deshalb sinnvoll, während der Einführung den Teilnehmern die Verhaltensweise, die im Planspiel gilt, mitzuteilen oder diese mit ihnen auszuhandeln. Damit kann sichergestellt werden, dass alle Teilnehmer dasselbe Verständnis haben. Die Möglichkeit massiver, über das Planspiel hinausreichender Vertrauensbrüche wird damit deutlich vermindert.

Der Beginn der eigentlichen Simulationsphase ist mit einem Ebenenwechsel von der Metaebene auf die Handlungsebene verbunden. Es wird nicht mehr über Dinge gesprochen, sondern die Teilnehmer sind mitten im Geschehen. Eine bewusste Gestaltung dieses Wechsels unterstützt die Teilnehmer dabei, sich voll auf das Geschehen der Realitätsebene III einlassen zu können.

Abb. 9: Ganzheitliches Lernen im Planspiel.
Das Bild zeigt einen Ausschnitt aus der simulierten Realität mit Spielbrettern, Spielutensilien und Unterlagen. Die Teilnehmer sind kognitiv (rechts) wie aktiv handelnd (links) in das Geschehen einbezogen.

6.2 Spieldurchführung (Simulationsphase)

Während der Simulationsphase befinden sich die Teilnehmer in einer simulierten Realität. Diese beruht in der Regel auf dem dynamischen Planspielmodell, das wiederum die Interaktion zwischen den Spielern und der simulierten Entscheidungsumwelt im gerafften Zeitablauf darstellt.

Rückkoppelung im Lernprozess bei Planspielen: Planspiele laufen, strukturiert durch die Spielregeln, über mehrere Spielrunden ab. Die Spielregeln strukturieren das Planspiel, indem sie den Aktionsbereich der Spieler, den Reaktionsbereich des Simulationsmodells (Spielleitung) sowie die Ausgestaltung des Informationsstromes zwischen diesen beiden Bereichen ordnen (Loeffler, 1986, S. 1; Kaiser & Kaminski, 1994). Der Aktionsbereich wird von den Spielern, die auf der Basis der verfügbaren Informationen die notwendigen Entscheidungen treffen, gebildet. Als Reaktionsbereich bezeichnet Loeffler (1986, S. 15) den Teil eines Planspiels, in dem der Verarbeitungsprozess der Spielerentscheidungen sowie die Informationsbereitstellung erfolgt.

Diese Grundstruktur führt zu der in Abbildung 10 dargestellten Rückkopplung. Zwischen den Spielern und der sie umgebenden Spielrealität (Lernumgebung) besteht somit ein Wechselverhältnis mit Rückkopplungen in der Weise, dass die Spieler durch ihre Handlungen aktiv auf ihre Spielumgebung (simulierte Realität) einwirken und gleichzeitig Rückmeldung dieser Einwirkung erfahren. Durch diese Erfahrungen sowie deren Verarbeitung und Reflexion befinden sich die Planspieler in einem kontinuierlichen Lernprozess.

Abbildung 10
Die Rückkopplung im Lernprozess bei Planspielen (in Anlehnung an Loeffler, 1986; Geuting, 1992, S. 493)

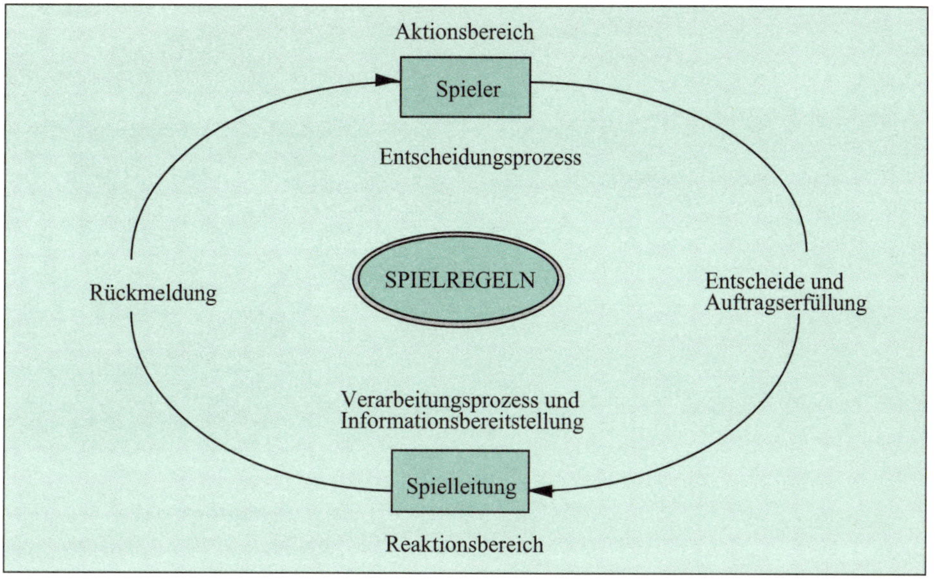

Erfahrungsbasiertes Lernen. Das beschriebene Modell des rückgekoppelten Lernprozesses lässt sich weiter verfeinern, wenn wir uns die Grundlagen des erfahrungsbasierten Lernens vergegenwärtigen. Die Protagonisten des erfahrungsbasierten Lernens betonen die Wichtigkeit der unmittelbaren eigenen Erfahrung als Voraussetzung für erfolgreiche Lernprozesse. Dewey (1938) geht so weit, dass er feststellt „all genuine education comes from experience" („jegliche wirkliche Bildung fusst auf Erfahrung"). Die Planspielmethodik vertraut ebenfalls auf die direkte Erfahrung der Lernenden, wobei in diesem Fall die Erfahrung in der konstruierten Wirklichkeit während der Simulationsphase gewonnen wird. Erfahrungsbasiertes Lernen wird begünstigt, wenn es in einem Zyklus von vier Schritten abläuft (Abb. 12, Kolb, 1984):

I Konkret erfahren. Der Ausgangspunkt beim erfahrungsbasierten Lernen ist immer die eigene, konkrete Erfahrung. Diese kann aus dem realen Leben oder aus einer künstlich geschaffenen Situation stammen.

Im Planspiel bedeutet dies: Die Teilnehmer erfahren die Konsequenzen ihrer Handlungen und Entscheidungen durch Rückmeldungen anderer Teilnehmer, der Spielleitung und des Modells (detaillierter in Ulrich, 1997a).

Abb. 11: Erfahrungsbasiertes Lernen im Planspiel.
Im Planspiel vertiefen sich die Teilnehmer in das Geschehen und machen dabei individuelle und unmittelbare Erfahrungen. Diese bilden die Grundlage für nachfolgende Reflexionen und ermöglichen sehr wirksame Lernprozesse.

II Reflektierend beobachten. Auf die Erfahrung folgt eine Phase der bewussten Reflexion. Die gemachte Erfahrung wird, alleine oder gemeinsam in einer Gruppe, im Zeitlupentempo noch einmal durchlebt und Schritt für Schritt nachvollzogen. Dabei werden viele Facetten und bisher unerkannte Perspektiven sichtbar.

Im Planspiel: In jeder Spielrunde gibt es normalerweise kurze Momente der Reflexion, z.B. nachdem die Teilnehmer die Rückmeldungen von der Spielleitung erhalten haben und die Resultate ihrer Entscheidungen analysieren oder wenn die Spielleitung das Planspiel für eine kurze Zwischendiskussion unterbricht.

III Verallgemeinern. Nachdem die gemachte Erfahrung in all ihren wesentlichen Aspekten reflektiert wurde, kann sie verallgemeinert werden. Dies bedeutet, dass Strukturen, Muster und Bedeutungen herausgearbeitet werden und dass sie mit existierenden Theorien verglichen wird. Auf diese Weise entstehen abstrakte Wissenskonzepte und neues Wissen. Die Lernenden sind damit in der Lage, neue Strategien zur Bewältigung konkreter Situationen zu entwerfen.

Im Planspiel: Die Momente der Reflexion münden in klarere Vorstellungen über das Abgelaufene und in Hypothesen, wie das betrachtete soziale oder technische System funktionieren könnte. Darauf aufbauend werden in jeder Spielrunde die Strategien fortentwickelt.

Es ist aufschlussreich, sich zu vergegenwärtigen, dass neues Wissen innerhalb des Zyklus an zwei Stellen entsteht. Im Schritt „Konkret erfahren" entsteht Wissen durch ein äusseres Ereignis. Im Schritt „Verallgemeinern" entsteht es durch einen inneren kognitiven Prozess („double knowledge theory").

IV Anwenden und prüfen. Die neuerworbenen Fähigkeiten werden in realen, neuen Situationen gleich konkret angewendet und geprüft. Dies kann spontan oder mit bewussten Experimenten geschehen. Dies führt zu wiederum neuen Erfahrungen und der Zyklus des erfahrungsbasierten Lernens setzt sich damit auf einem höheren Niveau von Wissen und Verstehen fort.

Im Planspiel: Die neuen Konzepte fliessen in der folgenden Spielrunde sogleich in die Interaktion mit anderen Teilnehmern und in die Entscheidungen ein. Eine neue Runde erfahrungsbasierten Lernens beginnt.

Abbildung 12
Der Zyklus des erfahrungsbasierten Lernens (Kolb, 1984).

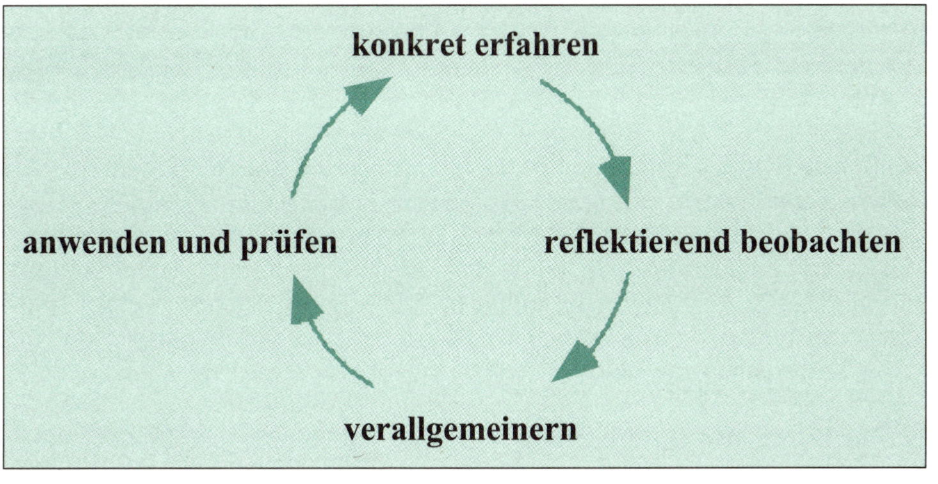

Modifikation von Planspielen. Oft möchte man ein konkretes Planspiels durch geringfügige bis grössere Modifikationen an eine bestimmte Teilnehmergruppe und die aktuellen Lernziele anpassen. Manchmal bewirken geringfügige Änderungen einen grossen Gewinn. Andererseits sollte beachtet werden, dass Variationen ein Planspiel in seinem spezifischen Wesen verändern können. Viele Planspiele sind aus „einem Guss" geschaffen. Die Veränderung eines Spielelementes hat oft tiefgreifende Auswirkungen auf den ganzen Charakter des Spiels. Beispielsweise kann eine geringfügige Ausdehnung der Spielzeit die Dynamik eines handlungsorientierten Planspiels, bei dem die Teilnehmer unter Zeitdruck wichtige Erfahrungen machen, lähmen und das Planspiel zu einer banalen Diskussionsübung verkommen lassen.

Es bleibt deshalb der Kunst der Spielleitung überlassen, ein Spiel in seinen Wesenszügen zwar zu belassen, aber durch gezielte Modifikationen zu verbessern und/oder im richtigen Zeitpunkt die Spieler, entsprechend ihren Lernvoraussetzungen und unter Berücksichtigung der Lernziele angemessen zu unterstützen. Als goldene Faustregel schlagen wir vor, dass ein Spielleiter ein neues Planspiel mindestens einige wenige Male strikt nach der Originalanleitung durchführt, um es gut kennenzulernen, und eine etwaige Modifikation erst danach zu wagen.

Sensibilität gegenüber Teilnehmern. Während der Simulationsphase sollte mit einer professionellen Moderation die Integrität der Teilnehmer, die während des Planspiels oft sehr persönliche Verhaltensmuster zeigen, gewahrt werden. Weiter sollten die in der Einführung angekündigten Regeln und Vorgehensweisen eingehalten werden, weil die Teilnehmer in der Regel sehr sensibel auf spätere Änderungen von Regeln, Gewinnkriterien, etc. reagieren und dabei schnell das Vertrauen in die Spielleitung verlieren.

Spielende. Die Spielphase endet mit einem von der Spielleitung klar deklarierten „Game over". Der Spielschluss ist so zu gestalten, dass die Spieler den Erfolg nicht durch das Ausreizen der Spielregeln (sog. „End of Game-Strategien") erzielen können. Nach der Simulationsphase tauchen die Spieler wieder aus der Spielumgebung auf. Auch dieser Ebenenwechsel sollte wiederum bewusst gestaltet werden. Danach leitet die Spielleitung in die Phase der Auswertung über.

Beobachtung des Spielverlaufs. Für die Spielleitung empfiehlt es sich, den Spielverlauf exakt zu beobachten und zu protokollieren. Dabei können auch Videoaufzeichnungen sinnvoll sein. Wenn die relevanten Beobachtungen im Debriefing wieder systematisch aufgegriffen werden können, fördert dies den Lernprozess in optimaler Weise.

Abb. 13: Spielende im Planspiel COREBIFA.
Der „billige Jakob“ (Rolle „Kleiner Lebensmittelladen“) machte offenbar Konkurs. Planspiele sind Lernumgebungen, in denen die Teilnehmer ohne Risiko Erfahrungen für die Bewältigung von realen Situationen machen können.

6.3 Auswertung (Debriefing)

Die Auswertungsphase, die in Anlehnung an den englischen Sprachgebrauch oft Debriefing genannt wird, ist aus den in Kapitel 5.5 genannten Gründen ein unabdingbarer Baustein für erfolgreiches Lernen mit Planspielen. Die Auswertung sollte ohne Unterbrechung an die Spielphase anschliessen, weil die unmittelbaren Eindrücke der Teilnehmer ein wichtiger Baustein für die Lernprozesse sind. Auch bei grosser Zeitknappheit sollten die Teilnehmer im Minimum die wichtigsten Gedanken zur Simulationsphase spontan festhalten.

Für die Gestaltung der Auswertungsphase gibt es verschiedene Modelle. Lederman (1992) empfiehlt eine Auswertung in drei Phasen:

Phase I, Systematische Reflexion und Analyse: Die Teilnehmer werden durch einen systematischen Selbstreflexionsprozess geführt. Sie werden dabei angeleitet, ihre Erfahrungen, Verhaltensweisen, Strategien und Beobachtungen während des Planspiels schriftlich und/oder mündlich zu äussern und gegenseitig auszutauschen. Für die mündliche Analyse müssen allenfalls Gesprächsregeln vereinbart werden. Die vorherige individuelle und schriftliche Reflexion erhöht die Verbindlichkeit und stellt sicher, dass jeder Spieler Gelegenheit hat, selbst über die gemachten Erfahrungen nachzudenken (Petranek, 2000, S. 108). Personen, die schreiben, denken intensiver nach als solche, die lediglich mündlich kommunizieren. Weniger spontane und gehemmtere Personen werden so nicht übergangen.

Diese Phase hat den Charakter einer Bestandsaufnahme und Systematisierung der Spielereignisse. Durch den Austausch werden die individuellen Spielerlebnisse für sämtliche Beteiligten allgemein zugänglich. Während der Austauschphase können die subjektiven Erkenntnisse mit den Erfahrungen der anderen Personen verglichen werden. Der Austausch kann innerhalb oder zwischen den Spielteams oder im Plenum erfolgen.

Phase II, Vertiefung (Intensivierung) und persönlicher Bezug: Aufgrund dieser Gesamtsicht kann jeder Spieler die individuellen Erfahrungen ergänzen und erhält so einen besseren Einblick in den gesamten Spielverlauf. Nach der weitgehend kognitiven Analyse beschreiben die Teilnehmer während dieser Phase zusätzlich ihre Empfindungen. Die Spielerlebnisse werden dadurch vertieft analysiert.

Phase III, Verallgemeinerung und Anwendung: Die individuellen Erfahrungen aus dem Spiel werden in einem allgemeinen Rahmen ausgeweitet und für den Transfer in das eigene Wirkungsfeld (z.B. Berufsalltag) vorbereitet. Die Kernfrage lautet: „Was lernen Sie aus dem Planspiel und was können Sie in Ihrer künftigen Berufspraxis anwenden bzw. inwiefern stehen die Erfahrungen aus dem Planspiel in Bezug zu vorher behandeltem Stoff?" Diese Phase kann mit weiterführenden theoretischen Konzepten ergänzt werden.

Eine alternative Variante, „The four E's of Debriefing" stammt von Petranek (1992). Er schlägt als Strukturhilfe vor, während der Auswertung folgende „vier E's" anzusprechen:

I Emotions. Was haben Sie empfunden? (Emotionen, Gefühle). Die Teilnehmer äussern ihre Gefühle. Freude, Frust und Ärger werden spontan genannt.

II Events. Was ist abgelaufen? (Ereignisse, Beobachtungen). Der Spielverlauf wird rekonstruiert. Die Teilnehmer überfliegen das abgelaufene

Spiel sozusagen aus einer Vogelperspektive und halten wie mit einer Foto-/Videokamera einzelne Beobachtungen aus dem Planspiel fest.

III Explication. Weshalb ist das so geschehen? (Erklärungen, Hypothesen). Die Teilnehmer suchen Erklärungen und Begründungen für die abgelaufenen Ereignisse und Beobachtungen.

IV Every day life. Was können Sie aus dem Spiel in die Realität übertragen? (Realität). Die Erkenntnisse werden für die eigene Realität nutzbar gemacht.

Ein Beispiel für ein entsprechendes Auswertungsblatt befindet sich auf S. 65.

Prinzipiell ist es egal, nach welchem Schema konkret vorgegangen wird. Wichtig ist jedoch, dass die Spielleitung die Auswertung gut vorbereitet, z.B. indem im Voraus Leitfragen formuliert werden, die im Verlaufe des Auswertungsgesprächs flexibel eingesetzt werden können. Weiter ist entscheidend, dass die Spielleitung in der Auswertungsdiskussion den Überblick behält und darauf achtet, auf welche der drei Realitätsebenen, bzw. auf welches der vier „E's" die Teilnehmer in ihren Voten gerade Bezug nehmen. Die Auswertung stellt hohe Anforderungen an die Spielleiter. Oft spielen Gruppenprozesse während der Spielphase und während den Auswertungsdiskussionen eine grosse Rolle. Systematisches Debriefing erfordert deshalb die Fähigkeit, die vorder- und hintergründig ablaufenden Gruppenprozesse mit einer geeignetem Struktur zu fördern, zu erkennen und mit wirksamen Interventionen zu leiten.

Das Verkürzen oder Weglassen der Auswertung erfolgt oft aus Zeit- und Kompetenzmangel, ist aber als grober Kunstfehler strikt zu vermeiden. Erst mit dem Transfer der Erfahrungen aus dem Spiel in die eigene Lebenswelt ist die Lernsituation abgeschlossen (Kriz, 2000). Wenn wir uns vor Augen halten, dass die Simulationsphase einem primären Zweck dient, nämlich dem Debriefing, kann dieser Fehler nicht passieren.

B Praxisteil

1 Aufbau der Spielbeschreibungen

Bei der Beschreibung der Spiele orientieren wir uns grundsätzlich an folgender Struktur. Je nach Art des Spiels müssen aber nicht alle Aspekte erläutert werden.

- Allgemeine Hinweise
- Ablauf
- Regeln
- Einführung (Briefing)
- Durchführung
- Auswertung (Debriefing)
- Weiterführende Anregungen
- Unterlagen zum Spiel

Wir haben uns entschieden, im Sinne der Gerechtigkeit, bei den Beschreibungen der Spiele wiederum abwechselnd die weibliche und männliche Form zu verwenden.

2 Framegames

Framegames sind Rahmenspiele, d.h. sie geben einen Spielrahmen vor, dessen konkreter Inhalt und Ausgestaltung flexibel der Lernsituation angepasst werden kann. Zum Beispiel können die zu bearbeitenden Fragestellungen, die zeitliche Dauer oder die Art der Visualisierung variiert werden. Auf diese Weise lassen sich mit minimalstem Aufwand Simulationsspiele für spezielle Themen konstruieren.

2.1 Forscher-Spiel

Quelle: Elyssebeth Leigh, Sydney. Demonstriert am Preconference Workshop der International Simulation and Gaming Association (ISAGA), Tartu, Estland, Juli 2000, nach der Vorlage von Lee Andresen, Higher Education Consultant.

Zusammenfassung

Thema:	Spielerisches „Anwärmen“ einer Lern-/Seminargruppe Herausarbeiten der spezifischen Lernziele der Teilnehmer
Fach:	alle
Dauer:	45 Minuten
Anzahl:	12–28
Material:	Kärtchen, um die Antworten zu notieren (je Frage und Teilnehmer 1 Kärtchen, zusätzliche Kärtchen für Fragen, deren Beantwortung mehrere Kärtchen erfordert) Fragen (auf Folie oder Flipchart) Schreibfolien oder Flipchartblätter für die Auswertung der Fragen. Je 1 pro Frage, mit Filzstiften Hellraumprojektor oder Flipchart
Raum:	Bei jeder Bestuhlung möglich

Ablauf

1 Briefing: „Sie sind jetzt eine Gruppe von Forschern. Ihre Aufgabe besteht darin, mir (Lehrperson/Seminarleiter) zu helfen, den Workshop zu gestalten“. Die Fragen werden vorgestellt.

Hinweis: Die Teilnehmer in die Rolle von Forschern zu versetzen, erhöht oft den Spielreiz. Je nach Situation kann diese Rollenvorgabe jedoch aufgesetzt wirken. In solchen Fällen kann das Forscherspiel als strukturierte Gruppenarbeit angeleitet werden.

2 Jeder Teilnehmer erhält (oder holt sich) genügend Kärtchen für die Beantwortung der Fragen (jede Frage wird auf einem eigenen Kärtchen beantwortet, gewisse Fragen können mehr als ein Kärtchen erfordern). Oben rechts notiert er die Nummer der Frage und beantwortet auf den Kärtchen die entsprechende Frage (15–20 Min.).

3 Die Teilnehmer legen die Kärtchen gesondert zurück, je ein Stapel pro Frage.

4 Es werden Gruppen von 2–4 Personen gebildet. Der Spielleiter erklärt, wie die Fragen ausgewertet werden sollen (z.B. Resultate künstlerisch arrangieren oder statistisch auswerten) und wie viel Zeit für die Präsentation zur Verfügung stehen wird. Jede Gruppe wertet eine (ev. zwei) der Fragen aus und holt sich dazu den entsprechenden Stapel mit den Antworten. Die Resultate werden auf einem Flipchartblatt oder einer Folie festgehalten (15–20 Min.).

5 Die Gruppen präsentieren dem Plenum ihre Resultate (20 Min. insgesamt, je Gruppe ca. 2–3 Minuten).

6 Optional: Gemeinsame Diskussion über die Gestaltung des Workshops aufgrund der Ergebnisse der Forscher.

Abbildung 14: Szene aus dem Forscherspiel. Die Teilnehmer stellen die gesammelten Antworten auf eine Frage auf einer Folie dar.

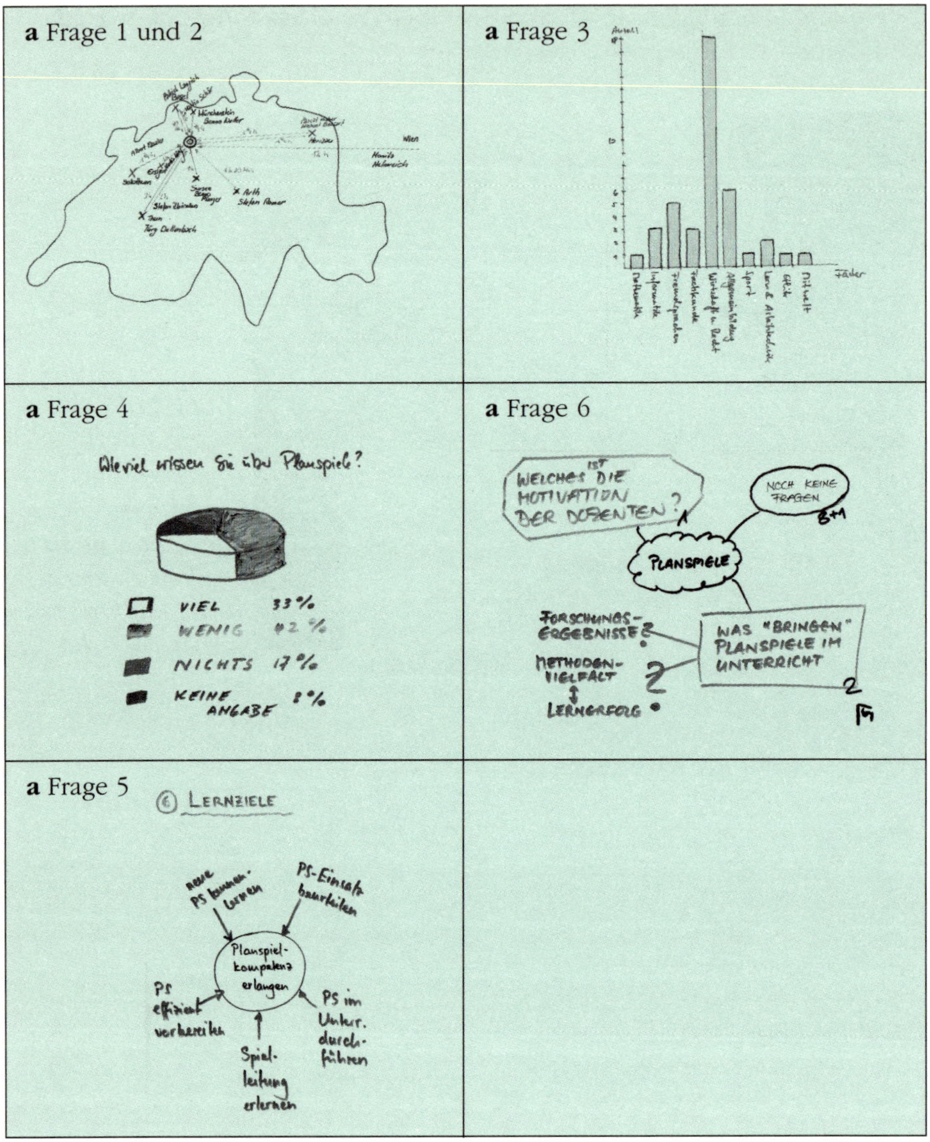

Abbildung 15: Forscher-Spiel:
Die Abbildung zeigt Folien, welche die Teilnehmer eines Planspiel-Methodikkurses gestaltet haben.
a *Antwort auf Fragen 1 und 2 („künstlerisch arrangiert")*
b *Frage 3 („statistisch auswerten und darstellen")*
c *Frage 4 („Auf irgendeiner Skala darstellen")*
d *Frage 5 („statistisch auswerten und darstellen")*
e *Frage 6 („In Kategorien ordnen und darstellen")*

Forscher-Spiel für den Start eines Seminars/Kurses zur Planspielmethode:

Fragen

1 Ihr Name
2 Woher sind Sie angereist und wie lange waren Sie unterwegs?
3 Welche Fächer unterrichten Sie? 1 pro Kärtchen
4 Wie viel wissen Sie über Simulations- und Planspiele?
5 Welche Inhalte/Lernziele aus dem Programm sind Ihnen in diesem Seminar/Kurs besonders wichtig?
6 Welche Fragen haben Sie an den Dozenten?
7 Was ist notwendig, damit Sie nach dem Seminar/Kurs vollkommen zufrieden nach Hause gehen?

Auswertung der Antworten

Frage	*Vorgehen*
1, 2	künstlerisch arrangieren
3, 5	statistisch auswerten und darstellen
4	Auf irgendeiner Skala darstellen
6, 7	In Kategorien ordnen und darstellen

Forscher-Spiel als Evaluationsinstrument:

Fragen

1 Was waren die stärksten und besten Elemente der zu Ende gehenden Veranstaltung? (max. 3)
2 Was waren die schwächsten, verbesserungsbedürftigen Elemente der Veranstaltung? (max. 3)
3 Inwieweit hat die Ausbildung Sie persönlich verändert?
4 Wie viele Stunden haben Sie im Durchschnitt pro Woche für Selbststudium, Hausaufgaben und Prüfungsvorbereitung aufgewendet?
5 Was würden Sie persönlich anders machen und gestalten, wenn die Fortbildung nochmals begänne?
6 Was sind die wichtigsten Elemente (max. 4), die Sie in Ihrer Berufspraxis jetzt umsetzen möchten?
7 Die Ausbildung geht bald zu Ende. Was wird Ihnen, fachlich und menschlich, in Erinnerung bleiben?

Auswertung der Antworten

Frage	*Vorgehen*
3, 7	frei visualisieren, künstlerisch arrangieren, Sketch etc.
4	statistisch auswerten und darstellen
5	Auf irgendeiner Skala darstellen
1, 2, 6	In Kategorien ordnen und darstellen

Forscher-Spiel im Fach Ökologie:

Einführung: „Sie sind jetzt eine Gruppe von Ökologie-Forschern. Ihre Aufgabe besteht darin, den Wissensstand der Klasse zu verschiedenen Fragen zum Thema Ökolgie zu erforschen. Dazu befragen Sie sich selbst und werten anschliessend die Ergebnisse gemeinsam aus.“

Hinweis: Die Frage 3 setzt eine vorherige, kurze Einführung in das Thema Klimaerwärmung voraus. Sie kann weggelassen oder angepasst werden.

Fragen

1 Wie viel wissen Sie bereits über Ökologie?

2 Haben Sie sich je besonders für ökologische Themen interessiert? Wenn ja: Für welche

3 Ihre Beurteilung der Diskussion um die Klimaerwärmung (Antworten in %):
a) Stimmen Sie der Aussage zu: „Weil die Klimaerwärmung durch menschliche Aktivitäten verursacht wird, ist es von allergrösster Wichtigkeit, schnell Gegenmassnahmen einzuleiten“?
(100% = „ich stimme voll zu“, 0% = „ich stimme überhaupt nicht zu“)
b) Beschreiben Sie mit drei Stichworten die Diskussion um die Klimaerwärmung
c) Für wie wichtig und wie dringlich halten Sie das Thema „Klimaerwärmung“? (100% = extrem wichtig/dringlich, 0% = überhaupt nicht wichtig/dringlich)
d) Begründung? (Drei Stichworte)

4 Welches sind Ihrer Meinung nach die grössten ökologischen Probleme der Gegenwart?

5 Nennen Sie mindestens fünf Bereiche, in denen das Wort „Ökologie” verwendet wird.

6 Was interessiert Sie am meisten im Fach Ökologie? (Was müssen Sie hier lernen, damit Sie am Ende des Semesters sagen: „Das Fach Ökologie war ein 100%iger Erfolg!“?)

7 Haben Sie Fragen an den Dozenten? Wenn ja, welche?

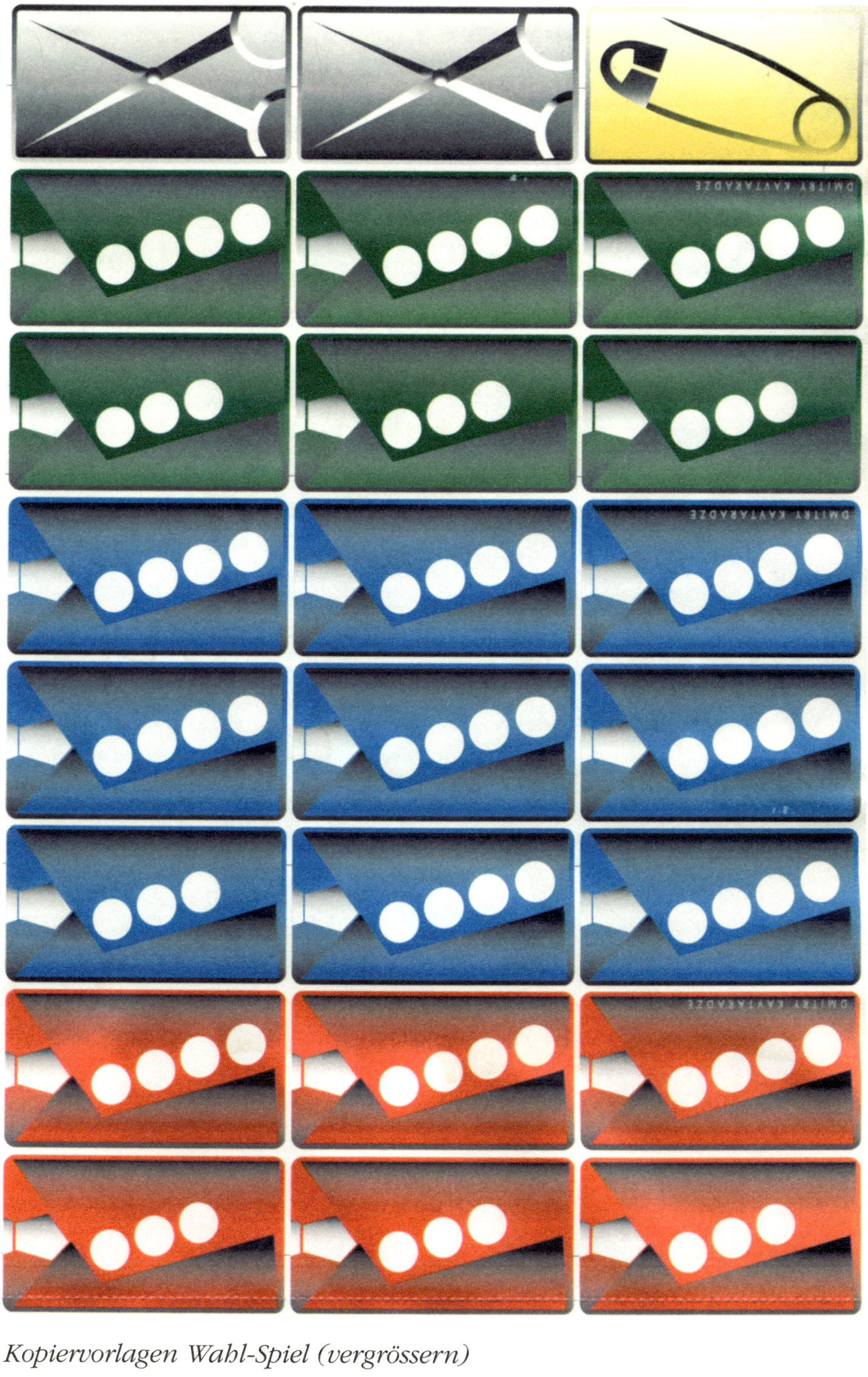

Kopiervorlagen Wahl-Spiel (vergrössern)

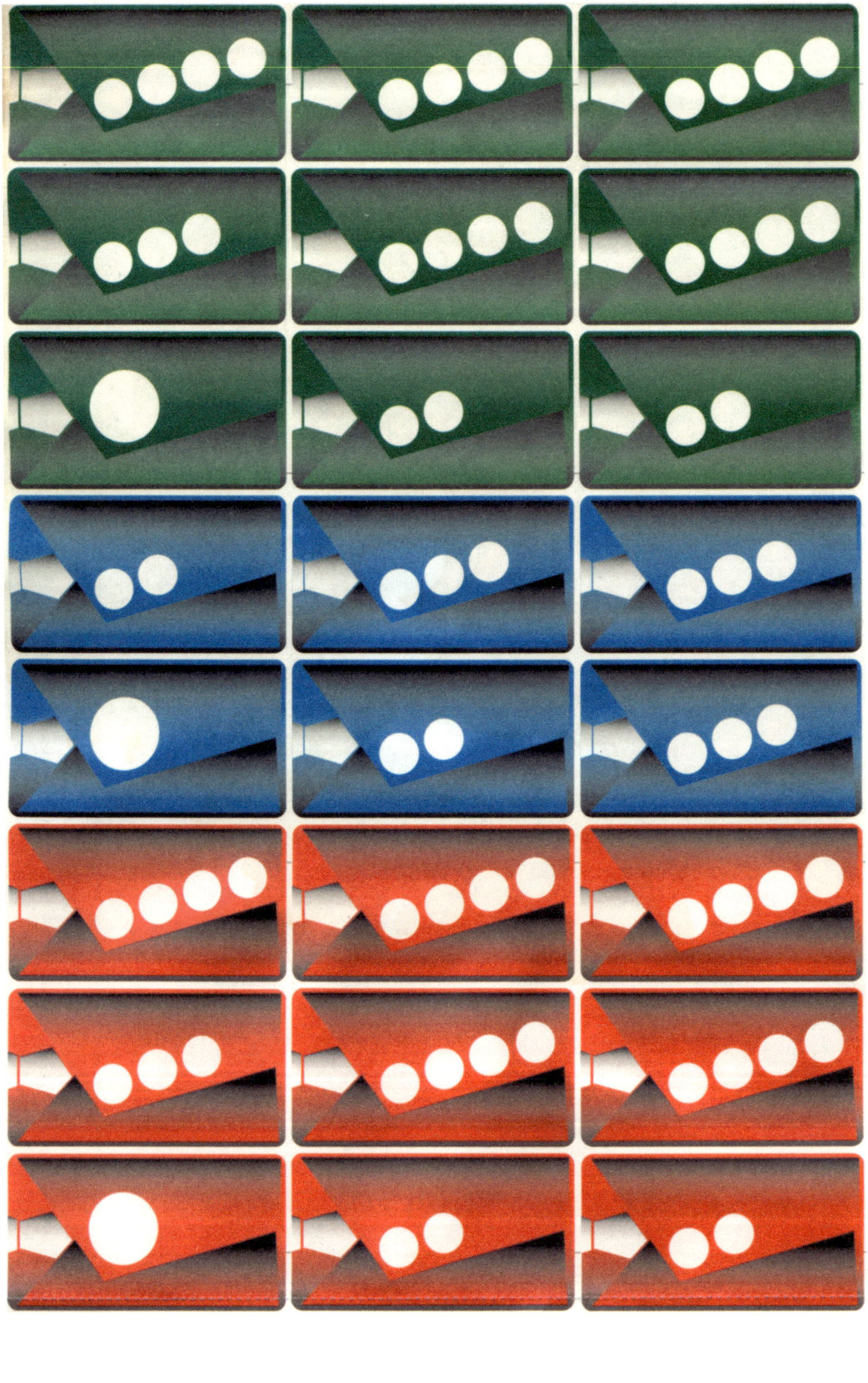

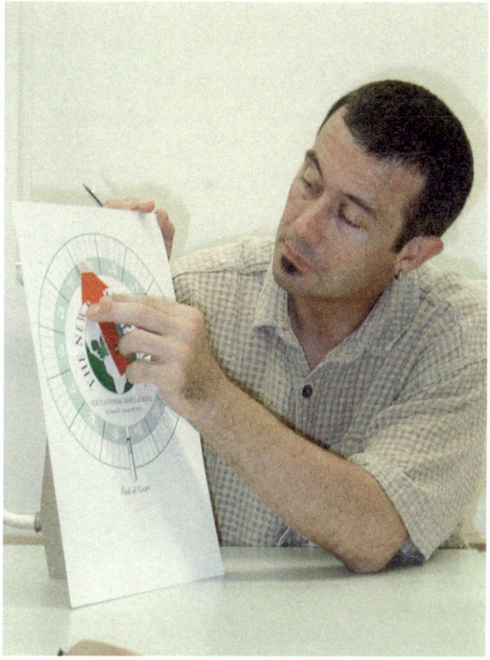

Das Spiel beginnt:
Darstellung
der Spielsituation

New Commons Game (S. 109). Steuerung durch die Spielleitung

Beratung

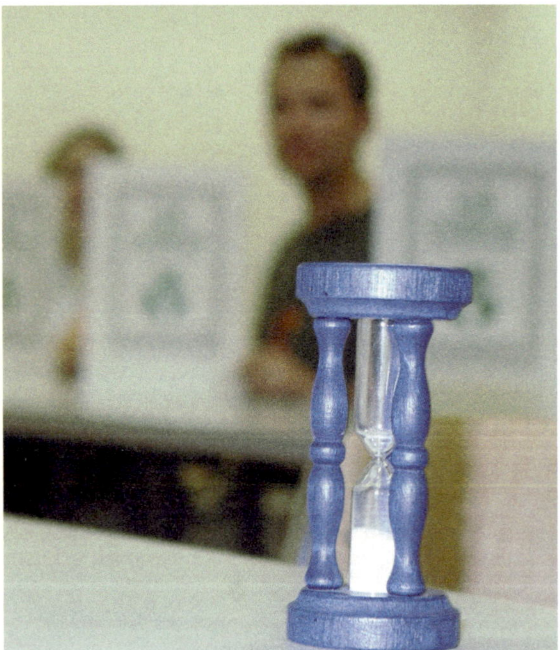

Zeitdruck

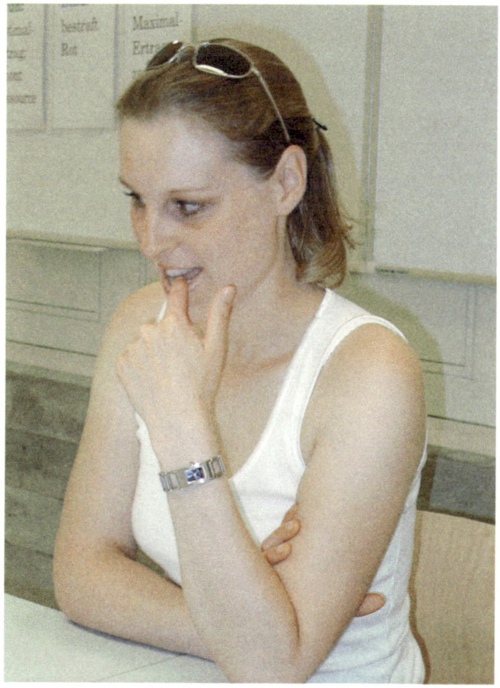

Was löst
meine Entscheidung aus

Höchste Konzentration

Jeu des Muets (Spiel der Stummen, S. 56): Ausgangslage klären

Variieren, ausprobieren

Wie weiter?

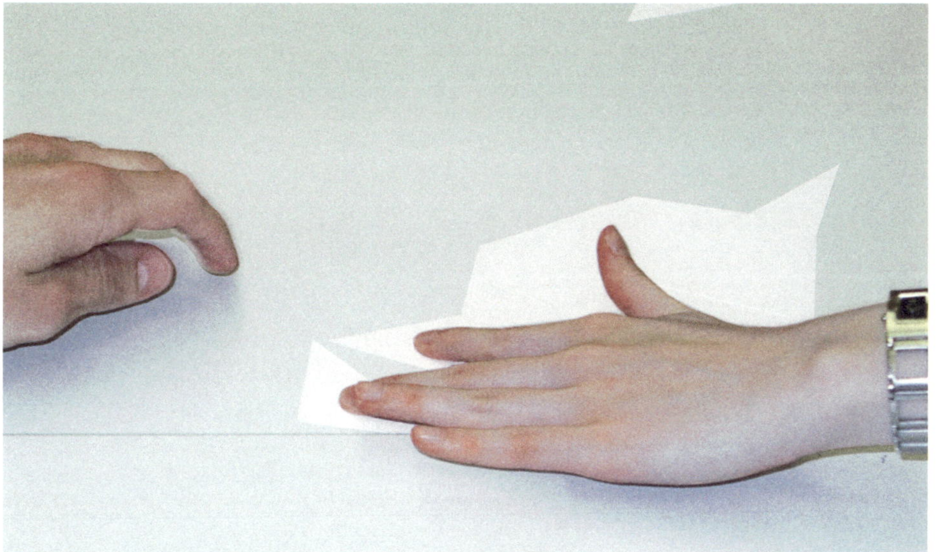

Hilfe suchen: kooperieren

Die Spieler sind aufeinander angewiesen

Optimale Zusammenarbeit durch Austausch der Puzzleteile

Das gemeinsame Ziel ist (fast) erreicht

Auswertung der Fragen

Frage	Vorgehen
3a, 3c	Statistisch auswerten und darstellen
1	Auf irgendeiner Skala darstellen
2, 3b, 3d, 4, 5, 7	In Kategorien ordnen und geeignet darstellen
6	künstlerisch arrangieren

2.2 Starter-Spiel

Quelle: Sivasailam Thiagarajan, www.thiagi.com

Zusammenfassung

Thema:	Das Spiel eignet sich, für die Suche nach neuen Ideen und für die Abklärung des Vorwissens der Lernenden in einem Thema. Beim Spiel werden alle Beteiligten rasch aktiv. Eine Feinevaluation von Ideen ist nicht möglich.
Fach:	alle
Dauer:	20 Minuten
Anzahl:	12–28
Material:	1 leere Karte plus Bleistift pro Teilnehmerin
Raum:	Bei jeder Bestuhlungsart möglich. Die Teilnehmerinnen müssen Zimmer herumlaufen können.

Ablauf

1 Spielleiterin formuliert Frage
2 Spielerinnen beantworten Frage individuell auf Karte (lesbare Schrift, verständlicher Inhalt)
3 Karten mischen (Spielerinnen wandern mit einem Bleistift ausgerüstet im Zimmer herum und lassen Karten mit Schrift nach unten zwischen den Teilnehmerinnen zirkulieren)
4 Partner suchen, die Antworten auf den beiden Karten zu zweit bewerten (7 Punkte verteilen, Punkte auf der Rückseite notieren)
5 Karten wieder mischen und bewerten (3-4 mal wiederholen)
6 Summe der Punktzahl bilden und auf Karte notieren
7 Im Plenum nach der besten Karte fragen
8 Karten evtl. sortieren, strukturieren und weiter verwenden

Durchführung

– Es sind ganze Punkte zu verteilen. Auch wenn zwei zu vergleichende Karten etwa gleich gut sind, zwingt es zur Diskussion. Dieser Gedankenaustausch ist gerade das Ziel des Spiels.

– Beim Schritt 7 ist es Zufall, wer den besten Tipp vorlesen kann. Das Spiel ist insofern sozial angelegt, als nicht die beste Schülerin, sondern der beste Tipp gesucht wird, wobei am Schluss nicht erkennbar ist, wer den besten Tipp effektiv formuliert hat.

Weiterführende Anregungen

– Mögliche Themen

- Mit einer Klasse Disziplinarregeln suchen.
- Die Klasse steht vor einer Blockwoche zu einem Schwerpunktthema. Die Lehrerin hat die Woche grundsätzlich geplant ausser einem „Schülerfenster" von einem halben Tag. Für dieses Schülerfenster können nun mit dem Starter-Spiel Ideen und Gestaltungsmöglichkeiten gesucht werden.

Gestaltung der Karten, nachdem die Schritte 3 und 4 vier mal wiederholt wurden.

Karte *vorne*	Karte *hinten*
Individuelle, gut lesbare, möglichst konkrete Antwort auf die einleitende Fragestellung	5 + 4 + 6 + 4 = 19

2.3 Review-Spiel

Quelle: Elyssebeth Leigh, Sydney. Demonstriert am Preconference Workshop der International Simulation and Gaming Association (ISAGA), Tartu, Estland, Juli 2000, nach der Vorlage von Maree Jaloussis (Sydney, Australien).

Zusammenfassung

Thema:	Repetition eines beliebigen Themas/Stoffgebiets als spielerischer Wettbewerb
Fach:	alle
Dauer:	20–45 Minuten inklusive Auswertung
Anzahl:	eine beliebige Zahl ab 8
Material:	Je Spielgruppe 8-10 Kärtchen, um die Fragen zu notieren 2 Urnen (z.B. Kartonschachteln) für die Fragen während der Befragung
Raum:	Jede Gruppe sitzt oder steht an einem grösseren Tisch

Ablauf

1 Die Teilnehmer werden in Gruppen (je 4–7 Personen) aufgeteilt. Es muss eine gerade Anzahl Gruppen entstehen (2, 4, ...).
2 Jede Gruppe entwirft 8 Fragen zu einem bestimmten Stoffgebiet und notiert sie auf je einem Kärtchen (10–15 Minuten).
3 Die ersten beiden Gruppen (A, B) machen sich bereit für die Fragerunde. Sie stellen sich auf beiden Seiten eines Tisches auf, je in einer Reihe. Jede Gruppe legt ihre Fragen verdeckt in die Urne, die vor ihr auf dem Tisch steht.
4 Die Fragen beginnen. Das erste Mitglied von A entnimmt der Urne eine Frage und stellt sie dem ersten Mitglied von B. Gruppe A entscheidet, ob die Frage richtig ist. Eine richtige Antwort ergibt einen Punkt, eine falsche keinen. Die beantworteten Fragen werden in die Mitte des Tisches gelegt.
5 Abwechselnd werden Fragen gestellt, bis die Urnen leer sind.
6 Es geht weiter mit den weiteren Gruppen (bei mehr als 2 Gruppen).
7 Es gewinnt die Gruppe mit den meisten Punkten.
8 Nach Bedarf: Auswertung des Spiels

Varianten

1 Um das Spiel kürzer zu gestalten, gibt es folgende Möglichkeiten:
   – Die Gruppen entwerfen weniger als 8 Fragen.
   – Die Fragen werden im Voraus geschrieben (z.B. als Hausaufgabe).
   – Je 2 Gruppen machen die Befragung parallel.
2 Der Druck auf die einzelnen Spieler kann durch folgende Modifikationen gemildert werden:
   – Es muss nicht ein einzelnes Mitglied von Gruppe B, bzw. A die Frage beantworten, sondern jedes Mitglied der Gruppe kann antworten.
   – Die Gruppe B, bzw. A kann die Frage beantworten, falls ihr befragtes Mitglied eine falsche Antwort gegeben hat (gibt nur 1/2 Punkt).
3 Falls vier oder mehr Gruppen im Spiel sind: Die Mitglieder der Gruppen C, D, ..., schauen von aussen zu und können eine richtige Antwort geben, sobald eine Antwort als falsch taxiert wurde (je 1 Punkt). Dies bewirkt, dass sie ebenfalls ins Spiel einbezogen werden, während sie warten.
4 Das Spiel kann in einer beliebigen Fremdsprache durchgeführt werden.

Auswertung (Debriefing)

Dieses Spiel erfordert in der Regel keine gesonderte Auswertung, weil es bereits eine Auswertung zu einem Stoffgebiet beinhaltet. Je nach Situation kann ein Debriefing mit den folgenden Leitfragen sinnvoll sein:

1 Gefühle: Wie war es, als Sie die Fragen entworfen haben? – Wie war es, als Sie alleine im Rampenlicht die Fragen beantworten mussten?
2 Sind neue Fragen zum Thema, bzw. Stoffgebiet aufgetaucht? Bei Bedarf klären.
3 Vertiefung von Stoffinhalten: fälschlicherweise als richtig/falsch taxierte Antworten korrigieren und besprechen.
4 Falls die Spieler zu einfache Fragen stellen, sind sie anzuleiten, kognitiv anspruchsvollere Fragen zu formulieren.

3 Kommunikation und Teamentwicklung

3.1 Der sechste Sinn

Quelle: Dimitri N. Kavtaradze, Universität von Moskau

Zusammenfassung

Thema:	Ohne jegliche verbale Kommunikation wird durch Intuition und logisches Denken die Leistung eines Teams optimiert. Sich kennenlernen in einer neuen Gruppe
Fach:	Alle, v.a. Betriebswirtschaftslehre
Dauer:	20–30 Minuten
Anzahl:	Es ist eine gerade Anzahl Spielerinnen erforderlich. Ideal 4–12, in einer Klasse sind mehrere Spiele parallel möglich
Material:	Deckel von Mineralwasserflaschen (Pet- oder Metalldeckel). Als Alternative können andere einfache Gegenstände, wie z.B. Steinchen oder Holzstücke, verwendet werden.
Raum:	Die Spielerinnen sitzen sich an einem langen Tisch vis à vis.

Allgemeine Hinweise

Es ist bekannt, dass eine Gruppe von Menschen mit verschiedenen Interessen und Hintergründen dann erfolgreich arbeitet, wenn in einem Team ein informeller Teamgeist besteht, der von allen Mitgliedern getragen wird (Teamgeist in Sportmannschaften, Schulklassen, Klima in Unternehmen) und die Gruppe zu einer starken Einheit zusammen schweisst. Dieses übereinstimmende Gruppenverhalten wird durch Führung und Management gefördert und auf bestimmte Ziele des Teams hin gelenkt.

Regeln

Jegliche verbale und nonverbale Kommunikation zwischen den Spielerinnen ist verboten.

Die Spielerinnen wählen ihre Strategie einzig aufgrund der laufenden Spielresultate.

Jede Spielerin versucht, ihre eigene Strategie so auf die Partnerin abzustimmen, damit sie zusammen am Ende des Spiels über möglichst viele Punkte verfügen.

Jede Spielrunde gibt der Spielerin die Gelegenheit, die Strategie ihrer Partnerin zu verstehen und ihre eigene Strategie darauf abzustimmen.

Eine überzählige Person übernimmt die Rolle der Beobachterin oder unterstützt die Spielleiterin beim Ausfüllen des Auswertungsblattes.

Einführung (Briefing)
Das Spiel verläuft in drei Komplexitätsstufen (6, 8, 10 Deckel pro Person). Die Spielleitung erklärt die Spielregeln, teilt die Gruppen ein und verteilt die Deckel an jede Spielerin.

Während einer Proberunde erklärt die Spielleitung die Bewertung. Die Spielerinnen sollten im Verlaufe des Spiels einen sechsten Sinn dergestalt entwickeln, dass sie ohne Kommunikation bei jeder Spielrunde die gleiche Anzahl Gegenstände legen.

Abbildung 16: Der sechste Sinn. Im Simulationsspiel „Der sechste Sinn" erleben Teilnehmerinnen, wie ein Team seine Leistung intuitiv, ohne bewusste verbale Kommunikation optimiert. Das Foto zeigt zwei Teilnehmerinnen, die gerade ihre Gegenstände (Flaschendeckel) auf den Tisch gelegt haben. Wenn ihre Intuition stimmt, legen beide gleich viele Flaschendeckel auf den Tisch.

Durchführung

Jede Spielerin erhält zu Beginn 6 Gegenstände. Eine Spielerin nach der anderen (Uhrzeigersinn) sagt „gerade“ oder „ungerade“. Nach etwa 10–15 Sekunden sagt die betreffende Spielerin „Hand auf den Tisch“. Wenn alle Spielerinnen ihre geschlossene Hand auf dem Tisch haben, sagt die Spielleitung „zeigen“.

Im Falle von „gerade“ sind 2, 4 oder 6 möglich.

Im Falle von „ungerade“ sind 1, 3 oder 5 möglich.

Es ist nicht erlaubt, die gleiche Anzahl Gegenstände während der nächsten zwei Runden zu repetieren, wenn beide die gleiche Anzahl Gegenstände gelegt hatten.

Wenn beide Partnerinnen die gleiche Anzahl Gegenstände vorlegen, wird die Summe zur Punktzahl (z.B. 5 + 5 = 10). Wenn die Partnerinnen eine ungleiche Anzahl Gegenstände vorlegen, zählt die höhere Anzahl der beiden doppelt negativ (z.B. 1 + 3 = - 6).

Wenn nach einer Runde jede Teilnehmerin ein Mal „gerade“ oder „ungerade“ gerufen hat, ist eine kurze Diskussion zum Spiel gestattet.

In einer zweiten Runde werden neue Spielpaare gebildet. Die Spielleitung entscheidet, ob sie die Komplexität von 6 auf 8 Gegenstände erhöhen will. In diesem Fall müssten an jede Spielerin zusätzliche Gegenstände verteilt werden.

Das Spiel würde noch anspruchsvoller, wenn Vierergruppen gebildet werden.

In multikulturell oder heterogen zusammengesetzten Kursen ist es anfänglich besser, zuerst homogene und nachher heterogene Paare zu bilden.

Auswertung (Debriefing)

Während des Debriefings werden die Spielerfahrungen diskutiert und ausgewertet. Das Zusammenspiel zwischen den Personen und deren Taktik werden analysiert. Unbewusste Handlungen sollen rational erklärt werden.

1 Welches waren Ihre Beobachtungen während des Spiels? Wie ist das Spiel aus Ihrer Sicht verlaufen?
2 Welches war Ihre Strategie?

3 Haben Sie eine Führerin in Ihrem Team realisiert? Wenn ja, wie?
4 Waren Ihre diesbezüglichen gegenseitigen Vermutungen richtig?
5 Welche Auswirkungen hat es, wenn eine Person die Führung übernimmt?
6 Mit welcher Partnerin haben Sie lieber gespielt? Warum?
7 Basierte Ihre Spieltaktik und Ihr angestrebtes Spielziel auf Intuition oder auf logischen Schlussfolgerungen?
8 Von welcher Logik liessen Sie sich leiten?
9 Welche Schlussfolgerungen ziehen Sie aus dem Spiel für Ihre eigene Person, für Ihre Rolle in Ihrer Arbeitsumgebung, für Ihre Rolle in der Klasse (gilt für Schülerinnen) oder für die Funktion von Führungskräften?

Mögliche Diskussionspunkte

Persönliches Risikoverhalten, Eingehen auf Partnerin, Führen versus geführt werden, Beobachtungsfähigkeit, Reaktion auf verschiedene Partnerinnen, eigene Person erfahren, Reaktion auf Verluste, Konzentration, etc.

Auswertungsblatt

Runde 1 (In jedes Feld erreichte Punktzahl und Zwischensumme eintragen!)

	1	2	3	4	5	6	7	8	9	10
Team 1										
Team 2										
Team 3										
Team 4										
Team 5										

3.2 Jeu des Muets („Spiel der Stummen“)

Zusammenfassung

Thema:	Kommunikation, Kooperation, Teamarbeit, Sensibilisierung für Gruppenprozesse.
Spielziel:	Jedes der 5 Gruppenmitglieder setzt während einer begrenzten Zeit je ein quadratisches Puzzle zusammen, wobei ein Teil der benötigten Teile bei den anderen Gruppenmitgliedern verteilt ist. Es gewinnt diejenige Gruppe, die zuerst alle 5 Puzzles zusammen gesetzt hat.
Fach:	Alle Fächer in denen soziale Kompetenzen eine Rolle spielen, Deutsch, Klassenstunde
Dauer:	45 Minuten
Anzahl:	5 Spieler pro Spiel, optional 1 Beobachter je Spiel, 1 Spielleiter Beliebige Anzahl von parallelen Spielen
Material:	Je Spielgruppe: fünf Umschläge mit Puzzleteilen Je Umschlag: Kopie der Spielregeln (Vorlage S. 63)
Raum:	Ein genügend grosser Tisch pro Spielgruppe

Allgemeine Hinweise

Dieses Spiel simuliert die Zusammenarbeit einer Gruppe unter Zeitdruck und Stress. Gefordert ist die Fähigkeit der Gruppe, unter erschwerten Bedingungen eine gemeinsame Aufgabe zu lösen. In diesem Spiel ist jedes Mitglied auf das andere angewiesen. Das vordergründige Ziel besteht darin, das eigene Puzzle zu lösen. Die Aufgabe kann jedoch nur gemeinsam gelöst werden. Die Regeln verunmöglichen jede sprachliche und nicht sprachliche Verständigung – die Mitglieder haben keinerlei Möglichkeit der Kommunikation.

Ablauf

1 Die Spielleitung verteilt die Umschläge 1–5 mit den Puzzleteilen. Die Umschläge bleiben verschlossen.

2 Sie erklärt die Spielregeln und klärt etwaige Fragen, bevor das Zeichen zum Start erfolgt. Hinweis, dass – bei Bedarf – die Spielregeln im Umschlag zu finden sind. Die Teilnehmer öffnen den Umschlag und das Spiel beginnt.

3 WICHTIG: Die Spielleitung muss jegliche Kommunikation (sprachlich, Zeichen- und Körpersprache) unter den Gruppenmitgliedern strikt verhindern.

4 Wenn möglich alle Gruppen zu Ende spielen lassen. Diejenigen, die fertig sind, können unter sich diskutieren oder mit einer individuellen schriftlichen Auswertung beginnen (s. Vorlage. S. 65).

5 Gemeinsame Auswertung.
Hinweis: Ein allfälliger Beobachter beobachtet den Gruppenprozess und die Art der Zusammenarbeit sowie die Einhaltung der Regeln.

Regeln

1 Jedes Mitglied der Gruppe muss aus den Puzzleteilen ein Quadrat zusammensetzen. Alle Quadrate müssen gleich gross sein. Die Aufgabe der Gruppe ist erfüllt, sobald jedes Mitglied ein vollständiges Quadrat vor sich liegen hat.
2 Die Gruppenmitglieder dürfen sich untereinander unter keinen Umständen verständigen, weder durch Sprache noch auf irgendeine andere Art und Weise.
3 Die Teile können ausgetauscht werden, jedoch nur über die Mitte des Tisches. Jedes Mitglied kann eines oder mehrere seiner Teile in die Mitte des Tisches legen. Umgekehrt kann ein Mitglied Teile, die in der Mitte des Tisches liegen, an sich nehmen.
4 Jedes Mitglied darf ausschliesslich mit seinen eigenen Teilen arbeiten. Es darf weder ein Teil direkt einem anderen Gruppenmitglied geben, noch von einem anderen Mitglied Teile wegnehmen. Kein Mitglied darf, weder direkt noch durch irgendwelche Zeichen, in die Arbeit der Gruppe eingreifen.

Auswertung (Debriefing)

Es ist sinnvoll, die Auswertung in vier Phasen zu gliedern:
1 Gefühle: Wie ist es Ihnen ergangen?
2 Beschreibungen – Was ist passiert?
3 Analyse: Weshalb ist es passiert? Was könnte man besser machen?
4 Transfer: Wie lassen sich die Erkenntnisse auf Ihren Alltag übertragen?

Dabei ist es wichtiger, dass die Spielleitung die Phasen für sich klar präsent hat und entsprechend dem Verlauf der Gruppendiskussion sinnvoll interveniert, als dass sie sich darauf konzentriert, die Phasen stur einzuhalten. Je nach Situation kann auch eine schriftliche Auswertung bzw. der Einsatz von Kärtchen und einer Pinwand sinnvoll sein.

Mögliche Fragen an die Teilnehmer:
- Welche Gefühle stellen sich ein, wenn ein Gruppenmitglied ein wichtiges Puzzleteil fälschlicherweise bei sich behält, ohne sich dessen bewusst zu sein?

- Welche Gefühle treten auf, wenn ein Mitglied sein Quadrat fertig hat – allerdings ein viel zu kleines! – und mit einer selbstzufriedenen Gewinner-Miene in die Runde blickt? Was denken die anderen?
- Welche Gefühle hatten Sie während des Spiels gegenüber Mitspielern, die nicht so schnell verstanden, wie die Aufgabe zu lösen ist? Wollten Sie ihnen helfen? Oder wollten Sie sie ausschliessen?
- Welches sind die Gefühle und die Verhaltensweisen, die sich einstellen, wenn alle miteinander kooperieren müssen?
- Was verhindert, dass die Aufgabe gelöst werden kann? Und umgekehrt:
- Was fördert, dass die Aufgabe gelöst werden kann?
- Inwiefern sind die Gefühle, die Sie im Spiel erlebt haben, vergleichbar mit Gefühlen, die Sie in wirklichen Situationen erlebt haben?
- Welche Erkenntnisse können Sie aus dem Spiel in das reale Leben mitnehmen?

Weiterführende Anregungen

A. Einsatzmöglichkeiten: Das „Jeu des Muets" hat einen breiten Einsatzbereich, wie die folgenden Beispiele illustrieren:

- Sensibilisierung für Sozialkompetenzen: Beginn einer Klasse/Arbeits-/Seminargruppe, eines neuen Themas
- „Therapeutischer" Einsatz bei Kommunikations-/Zusammenarbeitsproblemen in einer Gruppe/Klasse
- Blockwoche oder Seminar: Einsatz zu Beginn, um die Regeln für die Teamarbeit aus den Spielerfahrungen abzuleiten
- Fachgruppen, Arbeitsteams, Schulentwicklung: Das „Jeu des Muets" kann den Teilnehmern wie ein Spiegel das eigene Teamverhalten in karikiert übertriebener Form vorhalten und somit als Anstoss für eine Verbesserung dienen
- Grundregeln der Kommunikation erfahren: Das Kommunikationsverbot im Spiel fördert unterschwellige gruppendynamische Prozesse, die jeglicher Kommunikation unterlagert sind, in überhöhter Form zutage:
  - Recht behalten wollen (Quadrate bei sich behalten)
  - Eigene Meinung im Interesse einer gemeinsamen Lösung in Frage stellen lassen (fertige Quadrate in die Mitte schieben)
  - Sich ärgern/ungeduldig werden, wenn andere die richtige Lösung nicht sehen
- Veranschaulichung politischer Mechanismen in der (schweizerischen) Konkordanzdemokratie: Alle müssen eine Lösung mittragen, einzelne Parteien können Lösungen blockieren (falsche Quadrate behalten), aber auch verfahrene Situationen deblockieren (richtige Quadrate in die Mitte schieben).

B. Beobachtungsraster: Der Spielleiter oder Beobachter kann sich bei seinen Beobachtungen des Spielverlaufs an folgendem Beobachtungsraster orientieren. Es berücksichtigt speziell die im „Jeu des Muets" wichtige nonverbale Kommunikation. Das spezifische Raster im Teil b) zeigt typische Situationen aus dem „Jeu des Muets" mit den dazugehörigen Handlungsmöglichkeiten. Tritt eine solche Situation auf, kann ein Beobachter verfolgen, was die betroffene Person bzw. die Mitspieler tun, um die Situation zu deblockieren.

a) Körpersprache allgemein

- Blick:
  - „bei der Arbeit", konzentriert
  - suchend (nach Hilfe, Kommunikationsmöglichkeiten etc.)
  - abschweifend
- Körperhaltung:
  - „dabei" (nach vorne gerichtet)
  - „abwesend" (nach hinten gelehnt)
- Bewegungen:
  - konzentriert
  - ungeduldig
  - nach Kontakt suchend (mit wem?)
  - Hände/Beine: offen/verschränkt, ruhig/unruhig
- Mimik:
  - zufrieden
  - freudig, stolz
  - ärgerlich
  - frustriert
  - ungeduldig
- Adressaten der Körpersprache:
  - keine spezifischen Adressaten (ungerichtet)
  - spezifische Adressaten (welche? weshalb?)
  - Aufgabe (Puzzleteile, bzw. Quadrate)
  - sich selbst

b) Spezifisches Beobachtungsraster für das „Jeu des Muets"

Situation	Handlungsmöglichkeiten
Jemand hat ein Quadrat mit *falschen* Teilen.	• Die Person bemerkt Fehler von sich aus. • Andere Teilnehmer schieben die für die Lösung benötigten Teile demonstrativ in den Pool.
Jemand sieht bei anderen, wie ein richtiges Quadrat zusammengesetzt werden könnte, kann aber direkt nichts tun.	• eigene Teile in die Mitte schieben, in der Hoffnung, der andere tue dasselbe • direkte Kommunikationsversuche

Jemand ist „am Ende seines Lateins“.

- Rückzug
- Blickkontakt suchen
- weiter probieren
- alle Teile in die Mitte schieben

C. Der Problemlöseprozess beim „Jeu des Muets“: schematisierter allgemeiner Ablauf, der im Einzelfall auch deutlich anders verlaufen kann; die Phasen überlappen sich in der Regel.

Phase	**Beschreibung**	**Handlungsmöglichkeiten**	**Resultat(e)**
I Neue Situation mit unbekannten Puzzleteilen	Jeder probiert mit eigenen Teilen ⇒ funktioniert nicht, da Teile nicht passen	• Teile in die Mitte schieben • Mit neuen Teilen probieren	Erfolglos (stur? beharrlich?) weiter probieren Einzelne schaffen es, erste (richtige oder falsche) Quadrate zusammenzusetzen ⇒ **Phase II**
II Die Grösse der Quadrate wird klar	Anhand der ersten fertigen Quadrate können die Mitglieder deren Grösse erkennen	• Grösse abgucken • An falscher Grösse festhalten	Quadrate können jetzt zielgerichteter zusammengesetzt werden ⇒ **Phase III**
III Einzelne Quadrate sind zusammengesetzt	Es gibt einige fertige Quadrate: • Richtige • Falsche: Wer bemerkt den Fehler (Betroffene, andere) und was tun sie?	• Sich mit einem fertigen (richtigen oder falschen) Quadrat nicht mehr weiter beteiligen (Rückzug) • Einzelne oder alle schieben ganze Quadrate oder Teile davon in die Mitte (Partizipation)	Blockade (vgl. Hinweis unten) Mehr oder weniger flüssiger Austausch von Teilen. Diejenigen in der Gruppe, welche die richtigen Lösungen sehen, können die dafür benötigen Teile erhaschen ⇒ **Phase IV**
IV Nur noch ein (ev. zwei) Quadrate fehlen	Einzelne oder alle Teilnehmer gelangen zur Überzeugung, dass eine Lösung für das letzte Quadrat unmöglich ist. Die Verunsicherung steigt. Oft bereitet dieses Quadrat Schwierigkeiten: 	• Spielleiter wird beschuldigt, falsche Teile gegeben zu haben • Apathie, Stocken • Erfolglos weiterprobieren • Sämtliche Puzzleteile in die Mitte schieben (kompletter Neustart) • Brechen der Spielregeln (Sprechen, Teile direkt zu anderen schieben bzw. von denen nehmen, Teile zerreissen)	Eine (manchmal sind es mehrere) Person erkennt die richtige Lösung, kann diese realisieren, das Ziel ist erreicht ⇒ **Phase VI** Fortdauerndes Probieren Totale Blockade (vgl. Hinweis unten)
V Ziel erreicht: Fünf richtige Quadrate liegen auf dem Tisch	Dieser Moment ruft oft grosse Erleichterung und manchmal totale Überraschung darüber hervor, dass tatsächlich eine Lösung existiert!		☺

Diese Faktoren wirken sich auf den Problemlöseprozess aus:

- „Hard facts“: Wissen um die richtige Lösung (Einzelne)
- Arbeitsweise/Arbeitsklima: Wie werden Teile ausgetauscht?
  - stockend/flüssig/impulsiv
  - neugierig suchend/gestresst
- Partizipation: In der Regel führt ein flüssiger, ruhiger Austausch, an dem sich alle beteiligen, zum besten Ergebnis. Dabei kann es durchaus auch vorkommen, dass jemand ein richtiges Quadrat wieder in die Mitte schiebt.
- Hemmend wirkt es, wenn sich Gruppenmitglieder ausklinken,
  - mit falschem Quadrat vor sich
  - mit richtigem Quadrat vor sich (in gewissen Fällen)
  - mit einzelnen Puzzleteilen
  - ohne Puzzleteile

D. Eine Gruppe ist blockiert: Es kommt manchmal vor, dass eine Gruppe regelrecht blockiert ist und nicht mehr weiterkommt. In solchen Fällen kann der Spielleiter den Mitgliedern die Gelegenheit geben, ihre unmittelbaren Gefühle („Wie geht es Ihnen?“) zu äussern – ohne jedoch konkret Wünsche an Mitspieler anzubringen (wie z.B.: „Ich ärgere mich, weil du diese Dreiecke bei dir hortest und nicht merkst, dass du uns alle total blockierst!“).

E. Das Kommunikationsverbot: Weshalb dürfen die Teilnehmer während des Spiels nicht miteinander kommunizieren? Erstens wird dadurch ganz massiv verdeutlicht, dass in einer Gruppe alle voneinander abhängen und sie deshalb nur optimal funktionieren kann, wenn sich alle Mitglieder aktiv an der Erarbeitung von Lösungen beteiligen. Im Jeu des Muets bedeutet dies, dass ein Mitglied wahrnimmt, was auf dem Tisch vor sich geht und dass es den Teile-Pool im Zentrum des Tisches für einen „spielerisch-flüssigen“ Austausch nutzt.

Zweitens wird durch das Kommunikationsverbot ein weiteres Prinzip veranschaulicht. Theoretisch sind in einer Gruppe ohne offizielle Leitung alle Mitglieder gleichberechtigt. In der Praxis übernimmt jedoch sehr oft ein Mitglied (oder mehrere) die Führung. In der Regel sind das diejenigen, die sich gut mitteilen können. Die Zurückhaltenden sind sich andererseits oft nicht bewusst, dass sie sich bestimmen lassen. In diesem Spiel wird dieses Prinzip durch das Kommunikationsverbot weitgehend ausser Kraft gesetzt. Kein Mitglied kann ein anderes dominieren, weil die Spielregeln praktisch alle diesbezüglichen Möglichkeiten verunmöglichen. Alle sind voneinander abhängig.

F. Erfolgreiche Zusammenarbeit: Als Teil der Auswertung können auch, ausgehend von der folgenden Liste, die Bedingungen für die erfolgreiche Zusammenarbeit thematisiert werden.

Bedingungen, die eine erfolgreiche Zusammenarbeit fördern:
1 Die zu lösende Aufgabe kennen.
2 Wissen, in welcher Weise die Einzelnen zur Lösung der Aufgabe beitragen können.
3 Sich der Beiträge, welche die Andern für die Lösung der Aufgabe leisten können, klar bewusst sein.
4 Die individuellen Probleme der Andern wahrnehmen und diejenigen, die in Schwierigkeiten sind, bei der Lösung ihrer Probleme unterstützen, sodass sie anschliessend ebenfalls zur Lösung der Aufgabe beitragen können.

Unterlagen zum Spiel

Produktion der Puzzleteile. Für jede Gruppe werden gemäss der Vorlage (s. übernächste Seite) fünf Quadrate ausgeschnitten. Diese werden anschliessend in Einzelteile geschnitten. Dabei sollte so präzise gearbeitet werden, dass Teile mit gleichen Buchstaben nicht unterschieden werden können. Die Buchstaben sollten nicht auf die Teile geschrieben werden.

Die Einzelteile werden auf die fünf nummerierten Umschläge verteilt. Die Aufteilung sorgt dafür, dass die Teilnehmer ein Puzzle nicht ohne die anderen Mitspieler zusammenfügen können. In jeden Umschlag wird zusätzlich eine Kopie der Spielregeln gelegt.

Eine detaillierte Produktionsanleitung mit Hinweisen zur möglichst einfachen Herstellung der Puzzleteile kann von www.ucs.ch (Bereich service/download) heruntergeladen werden.

Vorlage für die Auswertung (Debriefing) s. auch www.ucs.ch (Bereich service/download). Die Vorlage kann für die individuelle Auswertung den Teilnehmern abgegeben werden. Die Anweisung zur Auswertung leitet dazu an, die beiden ersten Felder (1. Gefühle, Erlebnisse; 2. Beobachtungen) auszufüllen. Diese Notizen dienen als Grundlage für die Auswertung im Plenum.

Eine andere mögliche Anweisung an die Spieler wäre: „Auswertung: Notieren Sie ohne viel zu überlegen in jedem der vier Felder mindestens drei Punkte."

Vorlage, Spielregeln (je 1 x pro Umschlag):

Jeu des Muets, Spielregeln

Jedes Mitglied der Gruppe muss aus den Puzzleteilen ein Quadrat zusammensetzen. Alle Quadrate müssen gleich gross sein. Die Aufgabe ist erfüllt, sobald jedes Mitglied der Gruppe ein vollständiges Quadrat vor sich liegen hat.

Die Gruppenmitglieder dürfen sich untereinander unter keinen Umständen verständigen, weder durch Sprache noch auf irgendeine andere Art und Weise.

Die Teile können ausgetauscht werden, jedoch nur über die Mitte des Tisches. Jedes Mitglied kann eines oder mehrere seiner Teile in die Mitte des Tisches legen. Umgekehrt kann ein Mitglied Teile, die in der Mitte des Tisches liegen, an sich nehmen.

Jedes Mitglied darf ausschliesslich mit seinen eigenen Teilen arbeiten. Es darf weder ein Teil direkt einem anderen Gruppenmitglied geben, noch von einem anderen Mitglied direkt Teile wegnehmen. Kein Mitglied darf, weder direkt noch durch irgendwelche Zeichen, in die Arbeit der Gruppe eingreifen.

Vorlage für die Puzzleteile

Die Vorlage ist etwa im Massstab 1:3.5 gezeichnet.
Seitenlänge der fertigen Quadrate ca. 14-15 cm

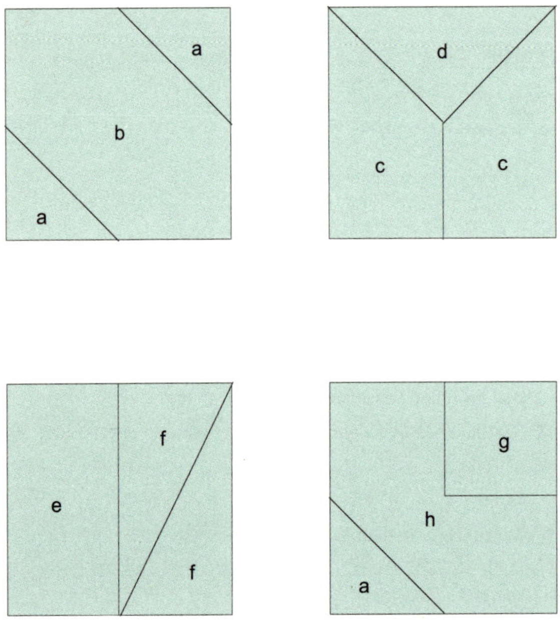

Verteilung der Teile auf die fünf Umschläge:

1 (Teile i, h, e) – 2 (a, a, a, c) – 3 (a, j) – 4 (d, f) – 5 (g, b, f, c)

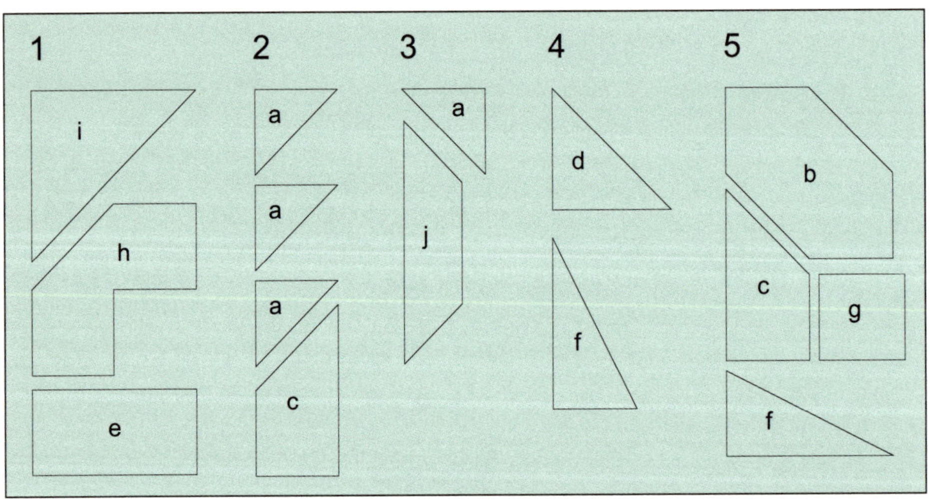

Auswertung Notieren Sie ohne viel zu überlegen, was Sie während der Simulation erlebt haben (1) und was Sie beobachtet haben (2).	
1 Gefühle, Erlebnisse (**E**motions) • • • •	2 Beobachtungen, z.B. Was passierte wann? Wer machte was? (**E**vents) • • • •
3 Erklärungen, Hypothesen (**E**xplications) • • • •	4 Vergleich mit der realen Welt (**E**very day life) • • • •

3.3 Löcher-Spiel

Quelle: Preconference Workshop, ISAGA-Konferenz in Lettland, 1996 (Valdis Bisters).

Zusammenfassung	
Thema:	Kommunikation
Fach:	Alle Fächer, in denen soziale Kompetenzen eine Rolle spielen.
Dauer:	15 Minuten
Anzahl:	6-100
Material:	Zeitungen (1 Zeitungsblatt pro Teilnehmerin)
Raum:	Bei jeder Bestuhlungsart möglich

Allgemeine Hinweise

Dieses kurze Spiel illustriert auf einprägsame Weise, dass wichtige identische Botschaften von verschiedenen Empfängerinnen unterschiedlich verstanden werden.

Ablauf

Die Leiterin verteilt je eine Zeitungsseite, nimmt selbst eine und hält sie vor sich hoch (nicht auf dem Tisch falten). Dazu gibt sie die Anweisungen, die alle Teilnehmer ausführen:

- 2 Mal nach links falten
- 1 Mal noch oben falten
- Ecke oben rechts wegreissen
- Ecke unten links wegreissen
- 2 Mal nach links falten
- Ecke oben rechts wegreissen

Danach entfalten alle Teilnehmerinnen ihre Zeitungen und zeigen einander die entstandenen Figuren. Diese sind in aller Regel sehr unterschiedlich, obwohl alle die gleichen Informationen erhielten. Die illustriert die Tatsache, dass (verbale) Informationen unterschiedlich verstanden, interpretiert und umgesetzt werden.

Auswertung (Debriefing)

Der Anblick der völlig verschieden durchlöcherten Zeitungsblätter erzeugt einen unmittelbaren und wirksamen Aha-Effekt. Mit Anschlussfragen, die an das konkrete Lernziel angepasst werden können, kann die Reflexion vertieft werden:

- Hatten Sie im Verlaufe des Spiels Zweifel an der Umsetzung der Anwei sungen?

- Wodurch können unterschiedliche Interpretationen bedingt sein?
- Haben Sie ähnliche Situationen im wirklichen Leben angetroffen?

Weiterführende Anregung
Das Spiel eignet sich sehr gut als Vorbereitung auf das „Vier-Ohren-Modell“ (Schulz von Thun et al, 2001). Das Modell illustriert, wie jede Botschaft mit vier Ohren verstand wird. Es leitet dazu an, jede Botschaft unter wenigstens vier Gesichtspunkten zu interpretieren: Unter

1 dem wörtlich Gesagten
2 dem darin verpackten Appell an die Empfängerin
3 der darin verborgenen Selbstoffenbarung, welche die Sprechende über sich gibt
4 der darin enthaltenen Beschreibung der Beziehung zwischen der Sprecherin und der Zuhörerin

4 Wirtschaft, Recht und Gesellschaft

4.1 Wahl-Spiel

Quelle: Dimitri N. Kavtaradze, Universität von Moskau. Illustrationen: Serge Kavtaradze, Moskau

Zusammenfassung
Thema: Einstieg ins Thema Wahlprozesse
Fach: Staatskunde, Politische Bildung
Dauer: 20 Minuten
Anzahl: 3, 4, 6 oder 8 pro Spiel
Material: 48 Karten (Kopiervorlagen im Farbbildteil). Karten ausschneiden.
Raum: Jede Spielgruppe sitzt an einem grossen Tisch

Einführung (Briefing)
In diesem Fantasieland steht die Wahl eines neuen Präsidenten an. Das Land hat drei Parteien: Rot, Blau und Grün. Jede Partei möchte den neuen Präsidenten bzw. die neue Präsidentin stellen können.

Spielziel
Jeder Spieler möchte seinen Einfluss bei den Wahlen geltend machen und seiner bevorzugten Partei zum Sieg verhelfen. Gewonnen hat jene Partei, die zuerst den Präsidenten stellen kann.

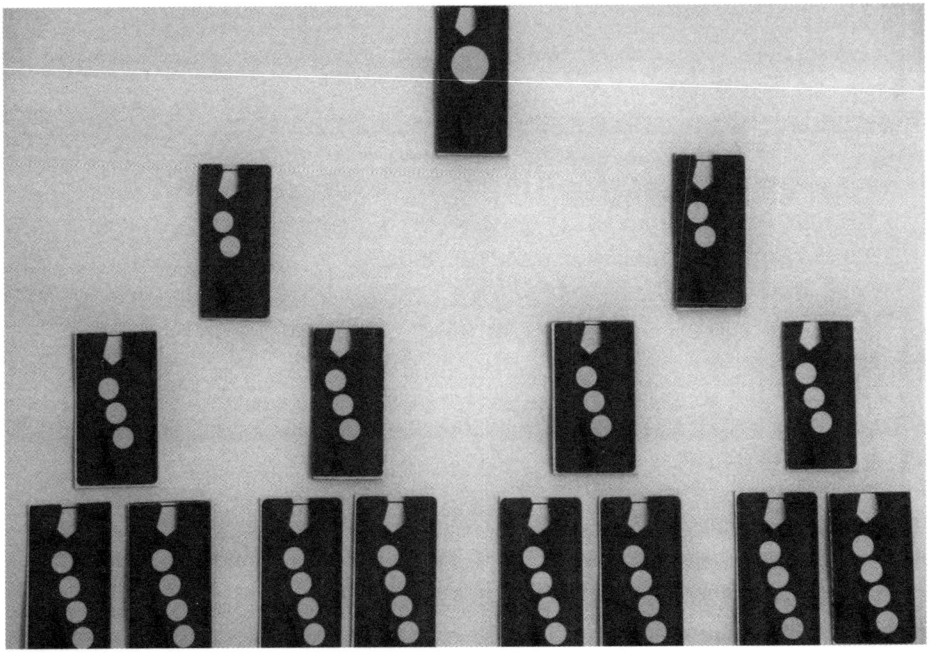

Abbildung 17: Vollständig aufgebaute Partei. Zuoberst ist der leitende Präsident.

Ablauf

1 Jede Spielgruppe sitzt um einen Tisch.
2 Jede Gruppe erhält ein Spiel. Die Karten werden mit Bild nach unten gemischt.
3 Die Karten werden gleichmässig auf alle Spieler verteilt. Bei acht Spielern erhält jeder 6 Karten, bei vier Spielern erhält jeder 12 Karten etc.
4 Die Spieler sichten nun die erhaltenen Karten und legen eine Strategie fest: Welche Partei bevorzuge ich, damit ich möglichst viel Einfluss geltend machen kann (möglichst viele Karten legen) und meine bevorzugte Partei möglichst zuerst den Präsidenten gewählt hat? Wie kann ich die nicht bevorzugten Parteien am Wahlerfolg hindern? Mit welcher Partei will ich koalieren?
5 Die Pyramide ist von unten nach oben aufzubauen. Der erste Spieler legt seine Karte auf den Tisch. Im Uhrzeigersinn legt jeder weitere Spieler pro Runde eine Karte hin und versucht, möglichst seine Partei aufzubauen.

Regeln

1 Ein Spiel umfasst für jede Partei 15 Karten. Zusätzlich gibt es zwei Scheren. Legt man eine Schere auf eine Karte, fällt dieser Kandidat aus

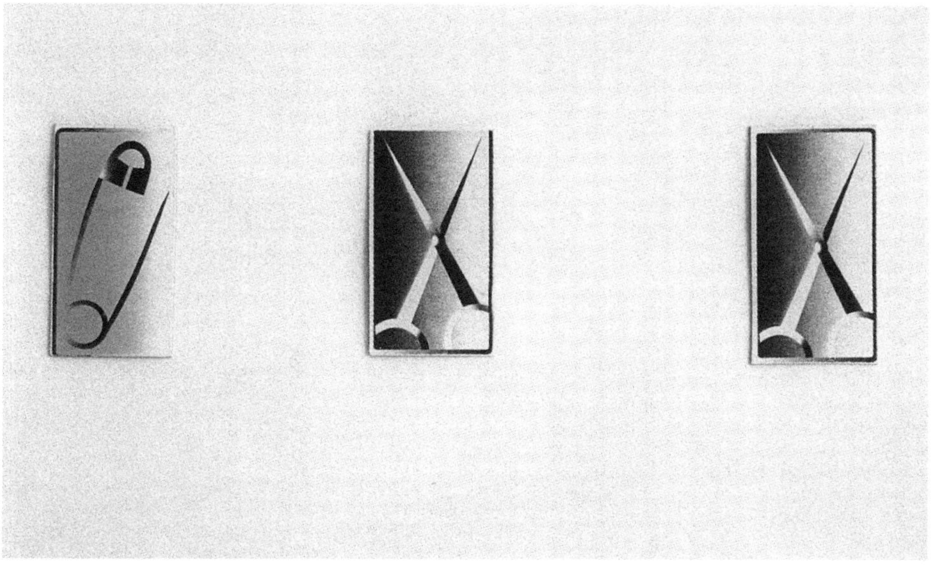

Abbildung 18: Die drei Spezialkarten.

dem Wahlverfahren. Weiter gibt es eine Sicherheitsnadel. Die Sicherheitsnadel kann wie ein Joker jede andere Karte ersetzen.

2 Wahlprozess: Zwei Kandidaten (Karten) mit 4 Knöpfen nominieren einen Kandidaten mit 3 Knöpfen. Zwei Kandidaten mit 3 Knöpfen nominieren einen Kandidaten mit 2 Knöpfen. Zwei Kandidaten mit 2 Knöpfen nominieren den Präsidenten (1 Knopf).

3 Die Schere schaltet einen Kandidaten aus. Mit der Sicherheitsnadel (über die Schere legen) wird der Kandidat wieder rehabilitiert.

4 Während des Spiels ist keine verbale Kommunikation erlaubt.

Auswertung (Debriefing)

Nach der Durchführung des Spiels empfiehlt sich ein Lehrgespräch mit folgenden Leitfragen:

- Welches war Ihre Strategie im Spiel?
- Mit wem haben Sie stillschweigend Koalitionen gebildet?
- Haben sich diese Koalitionen im Verlaufe des Spiels verändert?
- Wo finden sich in der realen Politik solche Verhaltensmuster?

Nach dieser Diskussion kann der Lehrer zur Bearbeitung eines nächsten Themas (z.B. Macht, Wahlen oder Parteien) überleiten.

Weiterführende Anregungen

1 Um das Spiel besser kennen zu lernen, kann der erste Durchgang mit offenen Karten gespielt werden.

2 Das Debriefing kann wie folgt aufgebaut werden:

Was	Wer	Warum
1) Schriftliche Reflexion des Spielverlaufs a) anhand von strukturierten Leitfragen entlang der 4 E's oder b) offen	Einzel	Die individuellen Gefühle und Gedanken werden erfasst. Die schriftliche Form erhöht für jeden Einzelnen die Verbindlichkeit.
2) Mündliche Diskussion	Innerhalb des Spielteams	Die individuellen Erfahrungen werden mit jenen der anderen Spieler verglichen und ergänzt.
3) Von der Spielleitung moderierte Diskussion	Plenum	Aus dem Vergleich der Spiele in den verschiedenen Teams werden zusätzliche Erkenntnisse gewonnen. Der Lehrer stellt den Übergang vom Simulationsspiel zum weiterführenden Lehrstoff her.

4.2 Geld-Spiel

Mit dieser einfachen Übung lassen sich die vielfältigen Geldströme, die in einer Volkswirtschaft fliessen, simulieren.

Zusammenfassung

Thema:	Kreislaufdenken simulieren
Fach:	Volkswirtschaftslehre
Dauer:	15–20 Minuten
Anzahl:	Beliebige Anzahl Gruppen à 6 Personen (davon 5 Personen: Produzenten, Konsumenten, Bank, Staat, Ausland, 1 Person Protokoll)
Material:	Arbeitsblatt für Protokollführer, Ball oder Wollknäuel
Raum:	5 Spielerinnen sitzen an einem Tisch oder im Kreis auf einem Stuhl.

Ablauf

1 Fünf Personen sitzen zusammen. Je eine Person übernimmt die Funktion der Produzenten oder Konsumenten oder des Staates oder der Banken und Versicherungen oder des Auslandes.

2 Die fünf Personen lassen unter einander einen Ball zirkulieren und bezeichnen laufend die Geldströme.

3 Zum Beispiel wirft die Person „Konsumenten" den Ball der Person „Staat" zu und sagt: „Die Konsumenten bezahlen dem Staat Einkommens- und Vermögenssteuern."

4 Die Protokollführerin hält den Geldstrom auf ihrem Arbeitsblatt fest. Ideal wäre die laufende Visualisierung der Geldströme auf einem Plakat oder flip chart.

5 Jetzt wirft die Person „Staat" den Ball einer nächsten Person und nennt ihrerseits einen Geldstrom.

6 usw.

Auswertung (Debriefing)

Nach etwa 15 Minuten kann die Lehrperson die entstandenen Plakate analysieren und allfällige offene Fragen besprechen. Auf dieser Grundlage kann ins Kreislaufdenken eingeführt werden oder es lassen sich Gleichgewichtsbedingungen einer optimal funktionierenden Volkswirtschaft ableiten.

Arbeitsblatt für Protokollführer

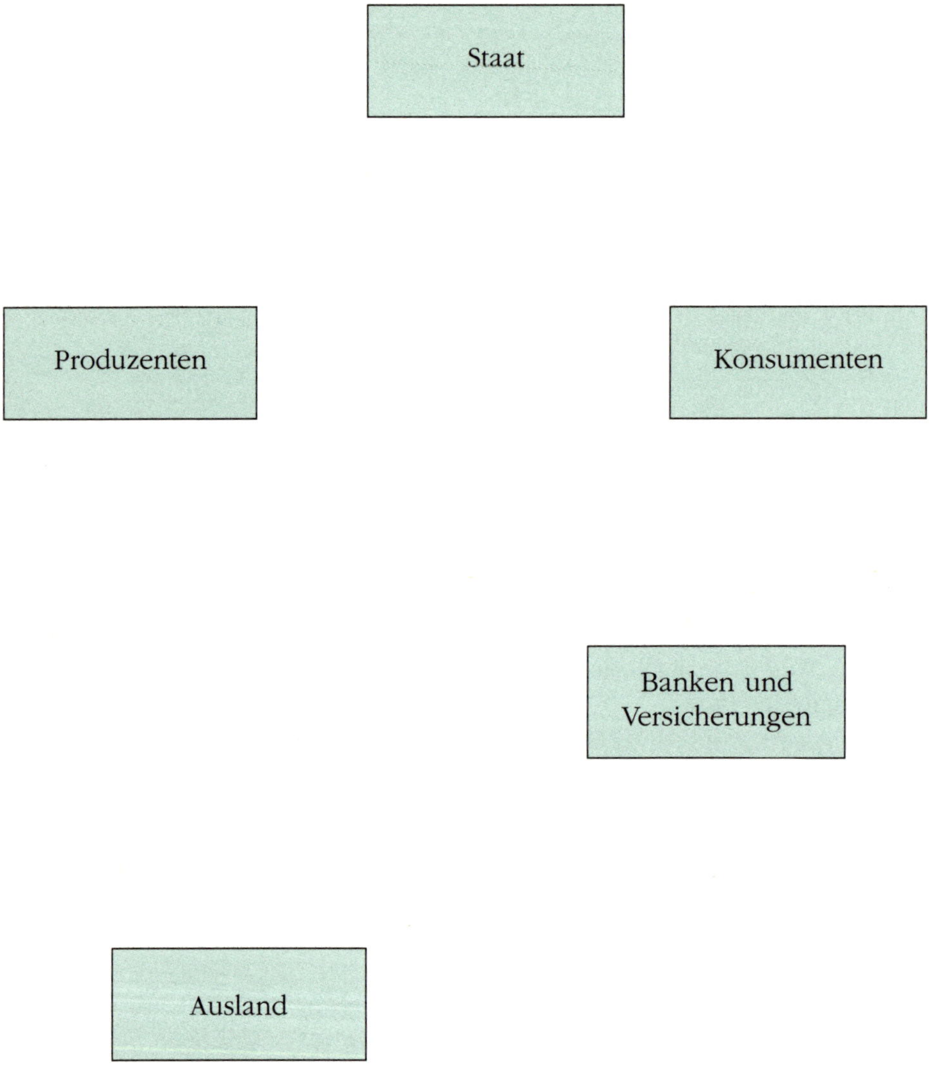

4.3 Himmel und Hölle

Quelle: „Himmel und Hölle“ wurde von Roman Capaul im Rahmen des Volkswirtschaftslehre Unterrichts am Seminar für Fächergruppenlehrkräfte in Gossau (1992) entwickelt.

Mit dem einfachen Kinderspiel „Himmel und Hölle“ kann ein erlebnisorientierter und kurzweiliger Einstieg in den Produktionsfaktor Arbeit realisiert werden.

Zusammenfassung	
Thema:	Arbeitsteilung, Gruppendynamik
Fach:	Betriebs- und Volkswirtschaftslehre, Teambildung
Dauer:	45 Minuten
Anzahl:	12–24
Material:	Makulaturpapier, 3 Scheren
Raum:	Spezielle Hinweise zur Raumgestaltung sind auf S. 75

Ablauf

Phasen/Lernschritte	Methoden/ Strategien	Hilfsmittel	Zeit
1 *Einstieg Motivation* Was kommt Ihnen bei dieser Folie im Zusammenhang mit dem Produktionsfaktor Arbeit in den Sinn?	Lehrgespräch	Folie 1	5’
2 *Zielsetzung* An einem praktischen Beispiel die Auswirkungen der Arbeitsteilung auf die Produktivität und den Menschen darstellen.	Vortrag		5’
3 *Entwicklung* a) „Himmel und Hölle“ formen – Anweisungen/Spielregeln/Einführung ins Falten (Rohmaterial pro Gruppe höchstens drei Blätter) – Durchführung (2-4 Gruppen möglich; Möglichkeit: Rohmaterialboykott einbauen)	Gruppenarbeit	Makulaturpapier, pro Gruppe 2 Scheren, Faltanleitung Folie 2	5’

Phasen/Lernschritte	Methoden/ Strategien	Hilfsmittel	Zeit
b) Auswertung des Versuchs – Welche Gruppe ist am schnellsten? – Welche Gruppe hat die schönste Produktion? – Definieren Sie aufgrund der Ergebnisse den Begriff Produktivität. – Wie beurteilen Sie die langfristige Motivation? – Wie könnte man die Arbeit abwechslungsreicher gestalten? – Wie beurteilen Sie die Konzentrationsfähigkeit?	Lehrgepräch/ Diskussion	Tafel	15’
c) Auswertung des Versuchs – Wie würden Sie die Arbeitsgruppen entlohnen? – Wie würden Sie die Pause gestalten? – Wo gab es Engpassfaktoren? (Möglichkeit: „just in time production“ erklären)			
d) Textstudium – Besprechung – Zusammenfassung	Lektüre	Text „Arbeitsteilung“	10’
4 *Zusammenfassung* In den neuen deutschen Bundesländern wohnen heute 20% der Bevölkerung Deutschlands, die jedoch lediglich 7% des Bruttoinlandproduktes erwirtschaften.	Vortrag		5’

Abb. 19: Unterrichtsorganisation

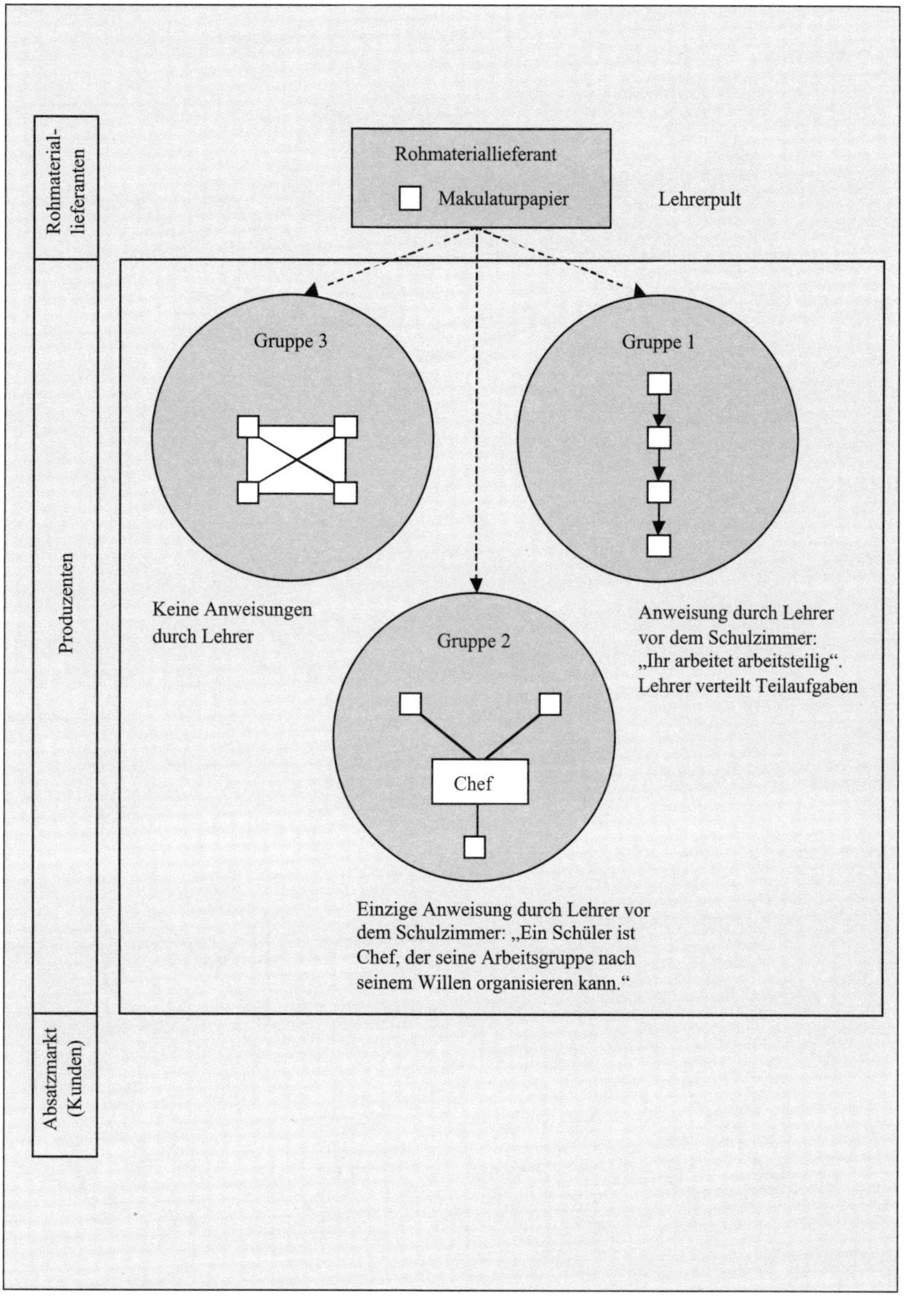

Unterlagen zum Spiel
– Folie 1

Folie 2

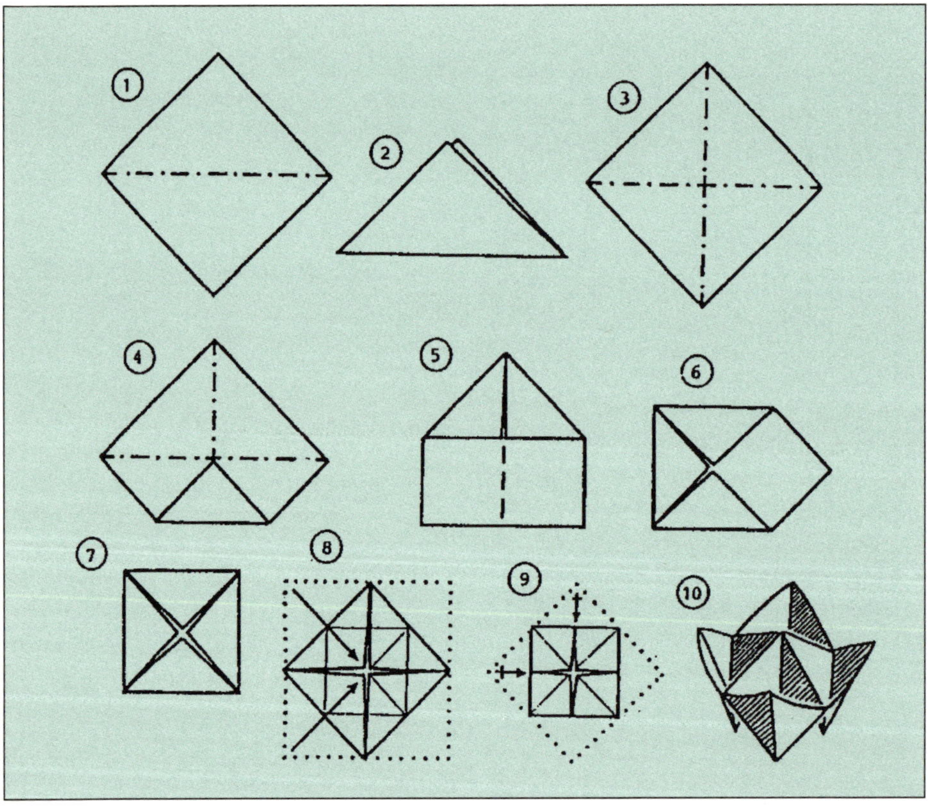

Arbeitsteilung

Wollte jeder Einzelne die von ihm benötigten Nahrungsmittel, Kleider, Ge- und Verbrauchsgegenstände selbst herstellen, so brauchte er dazu nicht nur jeweils lange Lehrzeiten, er könnte auch keine besonderen Fähigkeiten entwickeln, da er sich immer wieder mit neuen Aufgaben beschäftigen müsste. Sein Arbeitsaufwand stünde in keinem Verhältnis zur erzielten Leistung. Konzentriert sich hingegen jeder Mensch auf die Herstellung nur eines Gutes oder weniger Güter, d.h., es wird Arbeitsteilung praktiziert, kann er es durch dauernde Übung und Beherrschung des Stoffes zu Fertigkeiten bringen, die seinen Arbeitserfolg um das Vielfache steigern. Hierbei unterscheiden wir gesellschaftliche und technische Arbeitsteilung.

Die **gesellschaftliche** Arbeitsteilung entwickelte sich schon in frühester Zeit im geschlossenen Familienverband. Hier wurden die verschiedensten Aufgaben nach Geschlecht, Alter oder Geschicklichkeit unter den einzelnen Familienmitglieder aufgeteilt. Die Berufe, die später entstanden, bildeten sich bereits aus der Erfahrung, dass es besser und billiger sei, wenn sich einzelne Menschen gemäss ihrer Begabung nur mit ganz bestimmten Arbeiten beschäftigen. So wurden immer mehr Tätigkeiten an Aussenstehende „ausgegliedert“. Diese berufliche Arbeitsteilung führte sogar so weit, dass es heute z.B. nicht nur Unternehmen gibt, die sich allgemein der Möbelfertigung widmen, sondern auch solche, die nur Polster-, Küchen- oder Schulmöbel herstellen.

Arbeitsteilung ist somit vor allem Grundlage der Arbeit in modernen Unternehmen. Wir sprechen hier von **technischer** Arbeitsteilung oder Spezialisierung, d.h., es wird nicht nur die Gesamtaufgabe eines Unternehmens, z.B. in Planung, Verwaltung, Herstellung und Vertrieb zerlegt, sondern auch die einzelnen Tätigkeiten im Büro oder im Herstellungsprozess werden in Teilaufgaben gegliedert. Dass heute z.B. ein hoch technisiertes Produkt wie ein Auto in grossen Mengen und zu einem annehmbaren Preis hergestellt werden kann, ist wesentlich darauf zurückzuführen, dass der gesamte Herstellungsvorgang in Einzelarbeiten aufgeteilt wird, die wiederum von einer Vielzahl von Spezialisten ausgeführt werden.

Das Fliessband, das Henry Ford gerade in der Autoproduktion bahnbrechend einführte, stellt fast die absolute Vervollkommnung der technischen Arbeitsteilung dar. Seit Jahrzehnten beschäftigen sich Techniker, Ingenieure und Industrieverbände damit, Arbeits- und Bewegungsstudien zu erstellen, Arbeitsvorgänge in Arbeitsstufen, Arbeitsgriffe und Griffelemente zu zerlegen, um durch entsprechende praktische Anwendung die Arbeitsergebnisse weiter zu steigern. Unbestreitbar bringt die Arbeitsteilung wesentliche Vorteile mit sich. Denn durch Aufteilen der Arbeitsvorgänge ermöglicht sie nicht nur den besseren Einsatz der Arbeitskräfte, sondern auch die maschinelle Ausführung vieler Arbeitsgänge. Einerseits erhöht die Arbeitsteilung somit die Arbeitsleistung, führt zu kürzeren Arbeitszeiten und höherem Einkommen und trägt so erheblich dazu bei, den Lebensstandard in einer Volkswirtschaft zu steigern.

Andererseits zeigt z.B. die Fliessbandarbeit, wie sehr sich die berufliche Tätigkeit eines Menschen auf nur wenige völlig selbständige Handgriffe reduzieren kann, so dass der Arbeitende sowohl geistig als auch körperlich nur noch einseitig beansprucht wird, darüber hinaus aber auch den Blick fürs Ganze, für den eigentlichen Sinn seiner Tätigkeit, seines Berufes und oft auch seines Lebens verlieren kann. Jedoch ist das Ausmass der Arbeitsteilung in einer Volkswirtschaft massgebend für den Stand der wirtschaftlichen, technischen und auch der zivilisatorischen Entwicklung. Es ist selbstverständlich, dass gearbeitet wird, doch dass diese Arbeit zweckmässig aufgeteilt wird, ist eine der grössten Erfindungen des menschlichen Geistes.

Aber die Arbeitsteilung hat noch andere Aspekte. Es gibt heute nur noch wenige Menschen, die in der Lage sind, alle ihre Bedürfnisse vollständig mit eigener Arbeit zu befriedigen. Durch die Spezialisierung leistet vielmehr jeder von uns in seinem Beruf Dienste für andere Menschen, für die gesamte Volkswirtschaft; ebenso aber benötigen wir dadurch auch die Arbeit der anderen Menschen. Damit ist allerdings die gegenseitige Abhängigkeit so stark geworden, dass sich eine Störung an irgendeiner Stelle, z.B. ein Streik, sofort auf eine Vielzahl anderer Wirtschaftssubjekte oder sogar -zweige auswirkt. Gerade die Tatsache, dass nahezu die gesamte menschliche Gesellschaft durch die Arbeitsteilung zu einem gewaltigen und hochkomplizierten Arbeitsverband verwoben ist, macht sie erheblich krisenanfälliger. Bei der Beurteilung der Arbeitsteilung gelangen wir je nach Lebensauffassung zu zwei verschiedenen Ergebnissen. Auf der einen Seite scheint der Gedanke etwas Bedrückendes zu haben, dass wir nicht mehr imstande sind, ohne Hilfe anderer unser Leben zu führen. Andrerseits aber erhält unsere eigene Arbeit gerade durch dieses System der gegenseitigen Abhängigkeit einen höheren, geradezu sittlichen Wert. Liegt das primäre Ziel unseres wirtschaftlichen Tuns auch darin, ein Einkommen, durch das wir unsere persönlichen Wünsche befriedigen können, zu erhalten, so tragen wir doch durch unser Mitwirken am arbeitsteiligen Wirtschaftsprozess zum Wohle der Gemeinschaft und zur Steigerung des allgemeinen Lebensstandards bei.

Quelle: Harten P.: So funktioniert die Wirtschaft. Handbuch für Beruf und Praxis. München 1987.

4.4 Welthandel

Zusammenfassung

Thema:	Wirtschaftliche Abhängigkeit zwischen Industrie- und Entwicklungsländern Aussenwirtschaftliche Beziehungen und Abhängigkeiten zwischen Industrie- und Entwicklungsländern erkennen
Fach:	Wirtschaftsgeographie, Volkswirtschaftslehre
Dauer:	30–60 Minuten
Anzahl:	eine beliebige Zahl ab 10
Material:	1 Schachtel oder Kasse mit 7 ungespitzten Bleistiften, die Schachtel/Kasse ist mit einem Schloss verriegelt Spitzer, Schlüssel Ein farbiges Blatt pro Person
Raum:	Zwei Gruppen sitzen einander gegenüber.

Ausgangslage

Unser heute vorherrschendes Weltwirtschaftssystem ist im Wesentlichen ein Ergebnis der jahrhundertelangen Kolonialherrschaften und der industriellen Revolution des 19. Jahrhunderts. Die industrialisierten Länder suchten für die stark wachsende Produktion neue Absatzmärkte und Lieferanten billiger Rohstoffe. Da die billigen Rohstoffe in den westlichen Industrienationen meistens in arbeitsintensiven und teuren Prozessen veredelt werden, können sich die rohstoffliefernden Länder die teuren Fertigprodukte fast nicht mehr leisten. In der Regel verfügen Drittweltländer im Vergleich zu Industrieländern über schwache Währungen, was den Unterschied zusätzlich verschärft. So entstand die internationale Arbeitsteilung zwischen Fertigwarenproduzenten und Rohstofflieferanten bzw. zwischen Industrienationen und Drittweltländern.

Dieses weltwirtschaftliche System hat zu einer fortschreitenden Verarmung der Dritten Welt beigetragen. Die Schulden der Dritten Welt bei den Industriestaaten sind drastisch gewachsen. Damit die Zinsen sowie wichtige Importprodukte bezahlt werden können, muss die Produktion in diesen Ländern gesteigert werden. Dies erfordert jedoch zusätzliche Investitionen (z.B. technische Hilfsmittel, Dünger), was wiederum eine erhöhte Verschuldung nach sich zieht. Seit Jahren schon macht man sich in den westlichen Industrienationen Gedanken über die drohende Verschuldungskrise. Würden nämlich die Schuldnerländer zahlungsunfähig, könnte das weltweite Finanzsystem zusammenbrechen. Die Folgen der Verschuldung sind aber für die Menschen in der Dritten Welt schon lange spürbar. Die milliardenschweren Zinszahlungen bedeuten für Millionen von Menschen Hunger, Unterernährung, Krankheit, verminderte Sozialleistungen und Unterdrückung.

Die Industrie- und Entwicklungsländer haben beschlossen, zur Lösung des Nord-Süd-Wohlstandsgefälles eine internationale Konferenz einzuberufen.

Spielanlage
Aus den Entwicklungsländern sind sieben (diese Zahl ist veränderbar) Personen und aus den Industrieländern vier (veränderbar) Personen angereist. Schliesslich ist die Bevölkerungszahl in den unterentwickelten Ländern viel höher. Die Weltbank und der Internationale Währungsfonds (IWF) haben Beobachterinnen aufgeboten. Zwei halten die Argumentation der Industrieländer und zwei die Argumentation der Entwicklungsländer fest. Die Beobachtungen werden auf dem Arbeitsblatt (S.$$68) festgehalten. Die Entwicklungsländer verfügen über eine abgeschlossene Schachtel mit sieben ungespitzten Bleistiften (Rohstoffe). Die Industrieländer verfügen über den Schlüssel für die Schachtel (know how), einen Spitzer (Maschinen), um die Bleistifte zu spitzen (Rohmaterialgewinnung) und eine Zehnernote (Kapital).

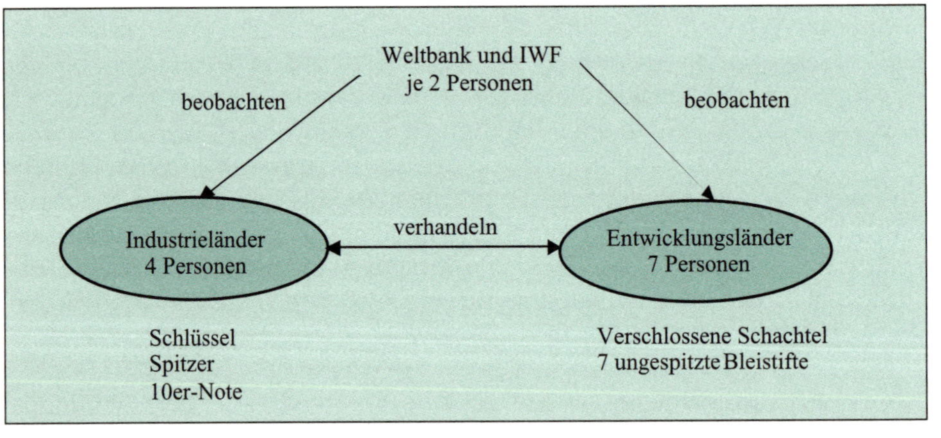

Spielziel
Sowie die Industrie- als auch die Entwicklungsländer wollen miteinander Handel treiben, um den Wohlstand beidseitig zu verbessern. Ziel der Verhandlungsrunde ist, faire Handelsbedingungen festzuhalten. Gewonnen

hat die Gruppe, bei der zuerst alle Mitglieder folgenden Satz auf ihr Blatt schreiben können.

Vorname, Name
Ich hungere nicht und habe genügend Arbeit.

Ablauf

1 Die Lehrperson beschreibt kurz die Situation zwischen Industrie- und Entwicklungsländern. Zur Illustration dient der nachstehende Cartoon als Einstiegsfolie.
2 Die beiden Spielgruppen sowie die Beobachterinnen bereiten sich während ca. 15 Minuten auf das Spiel vor.
3 Die Vertreterin der Industrieländer eröffnen die Verhandlung.
4 Während der Verhandlung halten die Beobachterinnen die genannten Argumente auf dem Arbeitsblatt (vgl. S.$$68 ..) fest. Die Verhandlung soll ca. 20 Minuten dauern. Im Normalfall wird keine Einigung erzielt.
5 Nach Abbruch der Verhandlung präsentieren die Beobachterinnen die festgehaltenen Argumente.
6 Die Lehrperson vertieft ausgewählte Aspekte. Zum Beispiel ist ein Hinweis zur Terms of Trade (Austauschverhältnis zwischen Import- und Exportpreisen) nützlich, das sich für die Entwicklungsländer laufend verschlechtert.

Entwicklungsländer	Ungleichgewicht bezüglich	Industrieländer
	Arbeit	
	Kapital	
	Boden (Rohstoffe)	
	Wohlstand	
	Wirtschaftspotenzial – Erwerbsstruktur – Bevölkerung – know how	
	Währung	

5 Naturwissenschaften/Nachhaltige Entwicklung

5.1 Baregg-Tunnel-Spiel

Quelle: Das Baregg-Tunnel-Spiel wurde von Markus Ulrich für das Umweltkolloquium am Pestalozzianum (Zürich, 3. September 1998) kreiert.

Hinweis: Falls mit der Eröffnung der dritten Tunnelröhre am Baregg (2003) sich das Baregg-Tunnel-Spiel erübrigen sollte, kann es in „Gubrist-Tunnel-Spiel“ umgetauft werden (Stauzone ab 2004).

Abbildung 20: Ein typischer Stau vor dem Baregg-Tunnel.

Zusammenfassung

Thema:	Die „Tragödie der Allmende“ (Übernutzung gemeinsamer Güter, z.B. Verkehrswege, Fischfang, Luftqualität, etc.) unmittelbar erfahren
Fach:	Naturwissenschaften, Volkswirtschaftslehre
Dauer:	15–20 Minuten
Anzahl:	bis 30 und mehr
Material:	Für jeden Teilnehmenden je eine rotes und blaues Kärtchen im Format A6 (Postkartengrösse)
Raum:	Jede Art der Bestuhlung möglich

Allgemeine Hinweise

Der Name des Baregg-Tunnel-Spiels bezieht sich auf einen Autobahntunnel vor den Toren Zürichs. Vor den Tunneleinfahrten kommt es während den Stosszeiten regelmässig zu Staus. Diese Staus gaben Anlass für intensive politische Diskussionen, Medienkampagnen und sozialwissenschaftliche Feldexperimente.

In diesem Planspiel erfahren die Teilnehmer, dass viele an sich vernünftige Einzelentscheide – das schnellste Verkehrsmittel zu wählen – sich zu einem allseitigen Schaden aufsummieren können (bekannt als Tragödie der Allmende). Somit eignet sich dieses Planspiel als Einstieg oder Vertiefung für viele Umwelt- und Wirtschaftsthemen.

Rahmenhandlung
Geschichte schildern: Leben im Kanton Aargau, Arbeit 40 km entfernt in Zürich. Zeitprobleme. Arbeit, Familie, knappe Freizeit. Alternative Verkehrsmittel stehen zur Wahl: Zug (öffentl. Verkehr) oder Auto?

Regeln und Ablauf

- Jeden Tag (= Runde) entscheiden die Teilnehmer, ob sie mit dem Zug oder dem Auto zur Arbeit fahren möchten:
  Rot: Zug
  Blau: Auto
- Wenn eine Runde beginnt, entscheidet jeder Teilnehmer ohne Absprache mit den andern, ob er mit dem Zug oder dem Auto zur Arbeit fahren will. Nach etwa 30 Sekunden fahren sie los, d.h. sie halten das Kärtchen mit der Farbe ihrer Wahl hoch. Der Spielleiter zählt aus und bestimmt, ob ein Stau entstanden ist.
- Wenn mehr als 50% der Pendler mit dem Auto fahren, entsteht auf der Autobahn vor dem Baregg-Tunnel ein Stau und die Autofahrer verlieren viel Zeit.
  Bemerkung: Die %-Hürde kann variiert werden (z.B. Stau ab 30% mit Auto).
- In jeder Runde gewinnen die Teilnehmer Punkte. Diese bedeuten „Lebensqualität" oder „Zeitgewinn". Ziel ist, möglichst viele Punkte zu sammeln.
- Jeder Teilnehmer erhält je nach Ausgang der Runde und seiner Wahl Punkte:
  Auto mit Stau: 0 Punkte
  Auto ohne Stau: 15 Punkte
  Zug: 5 Punkte
- Insgesamt werden je nach Spielverlauf 3 bis 5 Runden gespielt. Danach folgt die Auswertung.

Auswertung (Debriefing)
In der Auswertung wird gemeinsam mit den Teilnehmern herausgearbeitet, dass sich alle rational verhalten und versucht haben, ihre Punkte zu optimieren. Dabei soll klar werden, dass es nicht die „bösen“ oder „dummen“ Autofahrer waren, die den Stau verursachten, sondern das Anreizschema im vorgegebenen System. Dieses verleitet die einzelnen Entscheidenden dazu, das Auto zu wählen und damit kollektiv einen Stau zu verursachen. Dies ist genau die Tragödie der Allmende.

Die folgenden Fragen für die Auswertung beziehen sich auf Gefühle, Verhalten und Verständnis der Charakteristik des dargestellten Systems (Allmende-Trägödie). Sie orientieren sich am Schema der vier E‘s:

Gefühle und Emotionen:
- Wie erging es Ihnen im Spiel, wenn Sie in einen Stau gerieten/im Zug den Stau überholten/mit dem Auto unterwegs waren und knapp am Stau vorbei kamen?
- Haben Sie sich über andere geärgert? In welchen Situationen?

Beobachtungen:
- Wie haben Sie/andere ihre Wahl getroffen?
- Was waren die Kriterien, die Sie dafür angewendet haben?
- Haben wiederholte Staus Ihr Verhalten beeinflusst? Dasjenige der andern?

Erklärungen/Hypothesen:
- Wie erklären Sie die Tatsache, dass im Spiel die optimale Gesamtpunktzahl oft nicht erreicht wurde?
  (Diese beträgt in jeder Runde bei beispielsweise 20 Teilnehmern: 10 x 15 Punkte [Autos] und 10 x 5 Punkte [Zug] = 200 Punkte).
- Weshalb achten die Spieler nicht auf den Gesamtnutzen (keine Staus), der ja auch ihnen nützen würde?
- Welche Massnahmen könnten zur Steigerung des Gesamtnutzens und damit des individuellen Nutzens beitragen?
- Mit welchen Strategien hätten Übernutzungen und damit Staus vermieden werden können? (Anreize, Verbote, Absprachen/vertrauensbildende Massnahmen?)

Vergleiche mit der Realität:
- Haben Sie solche Situationen in der Realität beobachtet?
- Wie werden Übernutzungen in der Realität vermieden? Erfolgs-/Misserfolgsbeispiele?

Weiterführende Anregungen

- Je nach Bedarf können die Punktzahlen angepasst werden (z.B. 8 anstatt 15 Punkte für Auto ohne Stau).
- Man kann in jeder Runde eine Münze werfen: Kopf = gutes Wetter, Stau wenn mehr als 50% Autos; Zahl = Regenwetter, Stau wenn mehr als 40% Autos.
- Manchmal reizt das Auto/öV-Thema die Teilnehmer zu sehr und lenkt vom eigentlichen Lernziel ab. In solchen Fällen kann man die Punkte als „objektiven Zeitbedarf" darstellen, das Spielziel besteht in diesem Fall darin, möglichst kurze Fahrzeiten (= wenig Punkte) zu erreichen.

Auto mit Stau:	20 Punkte
Auto ohne Stau:	5 Punkte
Zug:	10 Punkte

Abstrakte Alternative zum Baregg-Tunnel-Spiel:
Quelle: Markus Ulrich

Zusammenfassung

Thema:	Das Dilemma zwischen kurzfistiger und langfristiger Nutzenmaximierung erfahren
Fach:	Naturwissenschaften, Volkswirtschaftslehre, Sozialkompetenzen (Teamarbeit)
Dauer:	20 Minuten
Anzahl:	3-99 (in Dreiergruppen)
Material:	Für jeden Teilnehmenden je eine rotes und blaues Kärtchen, das gut in der Hand verborgen werden kann, Grösse ca. 2x3cm Papier/Bleistift für jede Gruppe, um Punktestand festzuhalten
Raum:	Jede Art der Bestuhlung möglich

Ablauf

Dieses Spiel wird in Dreiergruppen gespielt. Spielziel ist es, eine möglichst hohe Punktzahl, unabhängig von der Punktzahl bei den Mitspielern zu erreichen. Gewonnen haben diejenigen Einzelpersonen, die aus allen parallelen Spielgruppen die höchste Punktzahl haben.

Jeder Spieler hat ein kleines rotes und blaues Kärtchen, das bequem in der Hand versteckt werden kann. Das Spiel dauert 11 Runden, in jeder Runde entscheidet sich jeder Spieler entweder für Rot oder Blau.

Regeln

- Diejenigen Spieler, die Rot wählen, bekommen (in der ersten Runde) 10 Punkte.
- Blau erhält immer die dreifache Punktzahl von Rot (zu Beginn also 30 Punkte), falls nur ein einziger Spieler Blau wählte. Falls zwei oder drei Spieler Blau wählten, erhalten sie keine Punkte.
- Punkte steigen: Wenn in einer Runde alle Spieler Rot wählen, erhöht sich für alle folgenden Runden die Punktzahl für Rot um 1 Punkt.
  Beispiel: Wählen in der ersten Runde alle Rot, so erhalten alle je 10 Punkte. Ab der zweiten Runde steigen die Punkte. Falls in der zweiten Runde nochmals alle Rot wählen, erhalten sie jetzt je 11 Punkte. In der dritten Runde wird die Punktzahl satte 12 Punkte für Rot und das dreifache, also 36 Punkte, für Blau betragen.
- Punkte fallen: Für jeden Spieler, der Blau wählt, vermindert sich in allen folgenden Runden die Punktzahl für Rot um 1 Punkt.
  Setzen wir obiges Beispiel fort: In der dritten Runde wird 2 x Rot und 1 x Blau gewählt. Rot hat je 12 Punkte, Blau 36 Punkte. Für die folgende Runde sinkt nun aber die Punktzahl wegen des Blauen (Rot 11, Blau 33 Punkte). In der vierten Runde wird 1 x Rot und 2 x Blau gespielt. Rot bekommt nun 11 Punkte und die Blauen gar keine Punkte, weil sie zu zweit sind. Weil in der vierten Runde zwei Spieler Blau wählten, sinkt die Punktzahl für die folgende, fünfte Runde für Rot auf 9 und für Blau auf 27 Punkte. u.s.w.
- Während des Spiels sind Gespräche und andere Signale absolut untersagt, mit Ausnahme einer 2-minütigen Konferenz nach Runde 3, 6 und 9.
- Spielvariante: Blau erhält anstelle der dreifachen die doppelte Punktzahl von Rot.

Auswertung (Debriefing)

Naturwissenschaften. Das Spiel veranschaulicht ein Dilemma, das bei der Nutzung von natürlichen Ressourcen oft auftritt. Es stellt sich die Frage, ob in möglichst kurzer Zeit ein maximaler Ertrag erwirtschaftet und das Risiko einer Zerstörung der Ressource in Kauf genommen werden soll oder ob ein langfristiger, tieferer Ertrag und eine nachhaltige Nutzung angestrebt werden soll. Bei mehreren Nutzern, die zueinander in Konkurrenz stehen, kann dies zu Dilemma-Situationen führen.

Bekannt ist dies als „Tragödie der Allmende“. Die Allmend stellt eine allgemein zugängliche, natürliche oder durch Menschen geschaffene Ressource

dar. Dies können beispielsweise Weiden (Kühe, Schafe), Grundwasservorkommen (Trinkwasser, Bewässerung), Meere (Fischfang), Atmosphäre (Emmission von Treibhausgasen), Strassen (Verkehr) sein. Jeder individuelle Nutzer der „Allmend“ verhält sich rational in dem Sinn, dass er gemäss den geltenden Nutzungs- und Konkurrenzbedingungen sein Verhalten optimiert. In der Summe können diese an sich rationalen Entscheide irrational und tragisch („Tragödie“) enden, wenn es zu einer Übernutzung und damit einer Zerstörung der Ressource kommt (Kahlfrass und Erosion, Absenkung des Grundwasserspiegels, Überfischung, Treibhauseffekt, Stau).
Das Spiel ist verwandt mit dem Baregg-Tunnel-Spiel und dem Sondermüll-Spiel. Weitere Hinweise für die Auswertung befinden sich bei den beiden erwähnten Spielen.

Volkswirtschaftslehre. Das für den Bereich Naturwissenschaften erwähnte Dilemma erscheint auch bei vielen volkswirtschaftlichen Themen (z.B. Nutzung der natürlichen Ressourcen eines Landes). Interessant ist auch die Übertragung auf das Thema des Strukturwandels. Erhalt von alten Strukturen, Subventionen, etc. kann einer „blauen“ Strategie entsprechen, bei der kurzfristig noch volkswirtschaftliche Leistungen erbracht werden können, die langfristigen Überlebenschancen jedoch fehlen. Umgekehrt kann Strukturwandel kurzfristig schmerzhaft, langfristig aber erfolgsreich sein („rote“ Strategie).

Sozialkompetenzen (Teamarbeit). Das Spiel stellt, allerdings in sehr karikierter Form, eine mögliche Teamsituation dar. Jeder, der egoistisch seinen eigenen Vorteil maximiert, schadet zuerst den anderen Teammitgliedern und schlussendlich auch sich selbst, während ein kooperatives Verhalten die Leistung des Teams langfristig erhöht. Im Spiel, wie auch in der Realität, zeigt sich, dass zwischen beiden Verhaltensweisen ein Spannungsfeld besteht und dass ein Team in aller Regel eine gewisse Anzahl „blauer“ Karten erträgt und davon sogar profitieren kann (Gesamtpunkte können steigen; Spielreiz bzw. Arbeitsmotivation steigt).

Theoretischer Hinweis. Es kann interessant sein, darauf hinzuweisen, dass bei einer konstanten Rot-Strategie aller Spieler jeder einzelne 165 Punkte erzielt (Runde 1: 10 Punkte; R2: 11 Punkte, ... R11: 20 Punkte, total 165), während ein Spieler, der als einziger konstant Blau wählt, nicht mehr, sondern genau gleich viele Punkte macht (30, 27, 24, ... 0, total 165 Punkte).

5.2 Sondermüll

Quelle: Sivasailam Thiagarajan, Workshops by Thiagi.

Zusammenfassung

Thema:	Das Dilemma zwischen Maximierung des Eigennutzens und der Sorge für das Gemeinwohl am Beispiel der Abfallentsorgung erfahren.
Fach:	Naturwissenschaften, Volkswirtschaftslehre
Dauer:	20 Minuten
Anzahl:	Beliebige Anzahl von parallelen Spielen mit je 3–5 Personen
Material:	Je ein Satz Bridgekarten (52 Stück). Es ist auch möglich mit 52 Karten aus zwei Jasskartensets zu spielen.
Raum:	Je 3 bis 5 Personen sitzen um einen Tisch.

Allgemeine Hinweise

Das spezielle Thema dieses Simulationsspiels ist die Entsorgung von Sondermüll. Im Zentrum steht das Spannungsfeld zwischen fachgerechter, bzw. möglichst billiger und einfacher Abfallentsorgung, dem private Haushalte und Unternehmungen ausgesetzt sind. Allgemeiner betrachtet simuliert das Spiel das Dilemma zwischen industriellem Wettbewerb und Verantwortung gegenüber Gesellschaft und Umwelt. Sondermüll thematisiert die Probleme, die entstehen, wenn unter Beteiligten, die gewinnen wollen, eine verantwortungsvolle Strategie verfolgt werden soll.

Ablauf

Verteilung der Karten: Das Kartenspiel wird nach Farben sortiert. Jede Spielerin erhält insgesamt 8 Karten:
a) fünf rote Karten: Ecken ♦ oder Herzen ♥
b) zwei Schaufeln ♠ ♠
c) ein Kreuz ♣
In diesem Spiel spielen die Werte der Karten keine Rolle. Alle roten Karten, egal ob Ecken ♦ oder Herzen ♥, sind gewöhnlicher Abfall (Hauskehricht). Schaufeln ♠ sind Sondermüll. Kreuze ♣ sind Beobachter-Karten. Sie zwingen die Teilnehmenden dazu, aufzudecken, welche Art Abfälle sie entsorgen.

Ziel des Spiels: Alle Abfallkarten (Hauskehricht und Sondermüll), welche die Spielerinnen in der Hand halten, entsorgen. Die Beobachterkarte muss (und kann) nicht entsorgt werden.

Eine Spielrunde ohne Kreuze ♣, d.h. ohne Beobachterin: In jeder Runde spielt jede Teilnehmerin eine Karte, mit dem Bild nach unten. Wenn alle fertig sind, und in der Runde keine Kreuze gespielt wurden, werden alle gespielten Karten eingesammelt, gemischt, und mit der Farbe nach oben auf dem „Abfallstapel" entsorgt. Die Spielerinnen sehen in diesem Moment, welche Arten von Abfall entsorgt wurden, aber nicht von wem.

Eine Runde mit Kreuz ♣, d.h. mit Beobachterin(nen): Wenn während einer Runde ein oder mehrere Kreuze gespielt wurden, so werden am Ende der Runde alle Karten aufgedeckt. Hauskehricht-Karten werden normal entsorgt. Sondermüll und Beobachterkarten werden von den jeweiligen Spielerinnen wieder zurückgenommen. Anschliessend gibt jede, die eine Beobachterkarte gespielt hat, jeder Sondermüll-Spielerin eine rote Karte aus ihrer Hand.

Eine Musterrunde illustriert die Regeln. Sandro, Barbara, Katrin und David sind die Spieler. In *Runde 1* spielen Sandro ein Kreuz ♣, Barbara ein Herz ♥, Katrin eine Ecke ◆ und David eine Schaufel ♠. David versucht, gleich zu Beginn seinen Sondermüll loszuwerden, aber Sandro kommt ihm zuvor. Barbara und Katrin spielen auf sicher und entledigen sich je einer roten Hauskehrichtskarte. Auch Sandro kann eine rote Karte loswerden, indem er sie als Strafe an David gibt.

In der *Runde 2* passiert sodann Folgendes: Sandro spielt eine Schaufel ♠, Barbara ein Herz ♥, Katrin eine Ecke ◆ und David eine Schaufel ♠. David setzt darauf, dass diesmal niemand eine Beobachterkarte spielen wird. Sandro tut dies ebenfalls. Weil niemand ein Kreuz spielte, werden die Karten nicht aufgedeckt. Nachdem sie gemischt und offen auf den Abfallstapel gelegt wurden, realisieren die Spieler, dass in dieser Runde zwei Sondermüllkarten entsorgt worden sind. Aber niemand (ausser den Sondermüll-Spielerinnen) weiss, wer die Karten gespielt hat.

Zusätzliche rote Karten: In späteren Runden kann es sein, dass eine Kreuz-Spielerin (Beobachterin) nicht mehr genügend rote Karten hat, um sie Sondermüll-Spielerinnen zu geben. Dies kommt vor allem dann vor, wenn mehr als eine Person ihren Sondermüll entsorgen will. In diesem Fall, nachdem sie alle roten Karten aus der Hand weitergegeben hat, kann eine Kreuz-Spielerin so viele rote Karten aus dem Abfallstapel nehmen, wie sie einer Schaufel-Spielerin weitergeben muss. Ein Beispiel: In der fünften Runde spielt Sandro eine Schaufel (Sondermüll), Barbara ein Kreuz, Katrin eine Ecke und David ein Kreuz. Armer Sandro! Von Barbara und David bekommt er je eine rote Karte.

Während der siebten Runde spielt Sandro eine Schaufel, Barbara eine Schaufel, Katrin ein Kreuz und David eine Schaufel. Katrin muss nun die anderen drei Spieler bestrafen. Ihre letzte rote Karte gibt sie Sandro. Anschliessend gräbt sie aus dem Abfallstapel zwei weitere rote Karten aus, die sie an Sandro und Barbara weitergibt.

Entsorgung von Sondermüll: Zu jeder Zeit während des Spiels kann eine Spielerin eine Sondermüllkarte (♠) gegen vier rote (♥ ♦) aus dem Abfallstapel tauschen. (Dies ist nur möglich, falls genügend rote Karten im Stapel sind).

Spielende: Das Spiel endet, sobald eine Spielerin alle Abfallkarten entsorgt hat und nur noch die Beobachterkarte hat. Diese gewinnt das Spiel.

Auswertung (Debriefing)
Weil SONDERMÜLL ein schnelles Spiel ist, ist es gut, das Spiel drei oder vier mal zu spielen und erst dann zur Auswertung überzugehen. Als Erweiterung kann das Spiel von Mal zu Mal etwas verändert werden (siehe unten „Was wäre wenn ...“).

Affektive Phase (Emotionen)
Beginnen Sie Ihre Auswertung mit einer Frage wie z.B. „Wie fühlt ihr euch im Moment?“ Die Teilnehmerinnen berichten vielleicht über Frustration, Wut oder Enttäuschung über das eigennützige Verhalten der Mitspielerinnen. Geben Sie allen eine Möglichkeit, ihre Gefühle zu äussern.

Kognitive Phase
Unterstützen Sie in dieser Phase die Spielerinnen, über ihre Erfahrungen nachzudenken und Verallgemeinerungen herauszufinden. Diese beziehen sich vor allem auf das Verhalten von Menschen, die im Dilemma stehen, den eigenen Vorteil (Wettbewerb) und die Sorgfalt für das Allgemeinwohl gegeneinander abzuwägen. Dazu kann das Verhalten im Spiel mit Situationen im richtigen Leben verglichen werden. Als Beispiel geben wir hier einige Verallgemeinerungen aus früheren SONDERMÜLL-Spielen:

- Leute warten und beobachten das Verhalten der anderen bevor sie entscheiden, was sie tun wollen.
- Jemand fühlt sich als der Dumme, wenn er ein Kreuz (Beobachterkarte) gespielt hat und niemand in der selben Runde Sondermüll entsorgt hat.
- Auf intensive Sondermüll-Entsorgung folgen gewöhnlich einige Runden mit Beobachterkarten.

- Verschiedene Leute reagieren unterschiedlich, wenn sie beim Deponieren von Sondermüll ertappt werden. Dies gilt auch für den umgekehrten Fall, wenn sie nicht erwischt werden.
- Leute sind so sehr darauf bedacht zu gewinnen, dass sie die Bedeutung der Schaufeln völlig vergessen.
- Jemand, der seine Mittel dafür verwendet, andere zu beobachten, kommt selbst in den Rückstand. Die meisten Versuche, die Beobachterrolle gemeinschaftlich zu organisieren, scheitern (z.B. eine nach der anderen spielt eine Beobachterkarte).
- Die Leute äussern unter dem Druck des Wettbewerbs das Eine und tun das Andere.
- Es ist schwierig, Regeln und Vorschriften einzuhalten, wenn man weiss, dass andere dies nicht tun.

„Was-wäre-wenn"-Fragen

Es ist lohnend, während der Auswertung verschiedene Szenarien zu Besprechen. Hier einige Beispiele:
Was wäre wenn...
... sich die Spielerinnen darauf einigen würden, eine nach der anderen eine Beobachterkarte zu spielen?
... man den Teilnehmerinnen genügend Zeit gäbe, um eine gemeinsame Strategie zu entwickeln?
... man die Karten auch nach einer Runde ohne Beobachterkarte so aufdecken würde, dass jede genau wüsste, wer welche Karte gespielt hätte?
... man die Karten nach einer Runde ohne Beobachterkarte überhaupt nicht aufdecken würde und so niemand wüsste, ob Sondermüll entsorgt wurde?
... Sondermüll gegen zwei rote Karten eingetauscht werden könnte? Oder gegen sechs?
... eine Spielerin ohne Unterbrechung Kreuze spielen würde?
... die Spielerin eines Kreuzes keine roten Karten an die Sondermüll-Spielerinnen geben würde?
... die Spielerin eines Kreuzes zwei rote Karten an die Sondermüll-Spielerinnen geben würde?
... die Spielerinnen an einem Beispiel die möglichen Folgen von wilder Entsorgung von Sondermüll ganz dramatisch erfahren würden?

Mögliche Beispiele: Irreversible Kontamination (=Verseuchung) des Grundwassers (Altlastenproblematik); Schädigung der Ozonschicht durch Kühlmittel aus nicht fachgerecht entsorgten Kühlschränken oder Klimaanlagen von Autos und als Konsequenz davon Zunahme von Hautkrebs.

Unterlagen zum Spiel

Die Tafel kann vergrössert und während des Spiels aufgehängt werden, damit sich die Teilnehmerinnen die Bedeutung der Karten besser merken können. Sie kann für den Ausdruck auf einem Farbdrucker vom Internet heruntergeladen werden: www.ucs.ch (Bereich service/download).

5.3 Das kleine Nachhaltigkeits-Spiel

Das kleine Nachhaltigkeits-Spiel wurde von Markus Ulrich entwickelt und basiert auf dem Suitcase Game von Sally Brown (EDS, University of Nortumbria, Newcastle on Tyne, U.K.).

Zusammenfassung

Thema:	Unterschiedliche persönliche Prioritäten und Werte in Bezug auf die Ausgestaltung nachhaltiger Entwicklung sichtbar machen und das damit verbundene Konfliktpotential erleben. Sensibilisierung für nachhaltige Entwicklung als gesellschaflichen Such-, Lern- und Gestaltungsprozess.
Fach:	Naturwissenschaften, Ökologie
Dauer:	30–90 Minuten mit Auswertung. Die Simulation lässt sich gut in einer Lektion durchführen.
Anzahl:	Ab 12 Teilnehmer. Nach oben ist die Anzahl Spieler nicht beschränkt.
Material:	Schreibzeug für alle Teilnehmer. Bei einer grossen Gruppe kann eine Glocke o.ä. zur Ankündigung der Schritte nötig sein.
Raum:	Die Spieler müssen frei im Zimmer herumlaufen können.

Ablauf

- Das Spiel läuft in fünf Schritten ab. Eingeleitet wird es mit der Schilderung der Ausgangslage. Falls die Teilnehmer mit nachhaltiger Entwicklung nicht vertraut sind, empfiehlt sich eine vorgeschaltete kurze Einführung (vgl. „Was ist nachhaltige Entwicklung“).
- Für die Durchführung gibt es verschiedene Möglichkeiten:
- Jeden Schritt mündlich ankündigen und erklären
- Die Anleitung für die Schritte 1–2 schriftlich abgeben (Vorlage „Für Teilnehmer“ auf S. 98). Das abgegebene Papier sollte gefaltet sein, sodass zu Beginn nur Schritt 1 sichtbar ist. Die späteren Schritte können mit je einer Folie auf dem Hellraumprojektor oder mündlich angekündigt werden.
- Die Erklärungen für alle Schritte (1–5) schriftlich abgeben (ohne Vorlage). Das abgegebene Papier sollte gefaltet sein, so dass zu Beginn nur Schritt 1 sichtbar ist. Bei jedem späteren Schritt wird das Blatt so umgefaltet, dass der Text für den neuen Schritt sichtbar wird.
- Die ***Fett-Kursiv*** gesetzten Zahlenwerte können im Bereich von ca. 5–10 verändert werden, um die Spieldauer zu beeinflussen.

Durchführung

Was ist nachhaltige Entwicklung? (kurze Hintergrundinformation für Teilnehmer). Die Weltkommission für Umwelt und Entwicklung (Brundtland-Report, 1987) hat nachhaltige Entwicklung definiert: Nachhaltige Entwicklung ist Entwicklung, welche die Bedürfnisse der Gegenwart befriedigt, ohne zu riskieren, dass künftige Generationen ihre eigenen Bedürfnisse nicht befriedigen können.

Nachhaltige Entwicklung schliesst drei Dimensionen ein: Ökologie – Wirtschaft – Gesellschaft. In zeitlicher Hinsicht geht es um die Gegenwart und die Zukunft.

Die Nachhaltigkeit ist in der schweizerischen Bundesverfassung verankert:

Art. 2.4 [Die Schweizerische Eidgenossenschaft] setzt sich ein für die dauerhafte Erhaltung der natürlichen Lebensgrundlagen und für eine friedliche und gerechte internationale Ordnung.

Art. 73 Bund und Kantone streben ein auf Dauer ausgewogenes Verhältnis zwischen der Natur und ihrer Erneuerungsfähigkeit einerseits und ihrer Beanspruchung durch den Menschen anderseits an.

Ausgangslage. Wir befinden uns im Jahr 2012. Weltweit haben sich die wirtschaftlichen, gesellschaftlichen und ökologischen Pro-bleme verschärft. Lösungen sind keine in Sicht. Angesichts dieser Situation hat die Uno in einem weltweiten Wettbewerb Menschen ausgewählt, die gemeinsam nachhaltige Musterlösungen entwickeln sollen. In allerletzter Minute erfährst du, dass du zu den ausgewählten Teilnehmern gehörst.

Schritt 1 (7 Minuten). Im Flugzeug, das dich zum Treffen bringen wird, hat es noch Platz für einen Koffer. Darin kannst du 7 Gegenstände aus deinem **persönlichen Haushalt mitnehmen. Wähle für deine Reise Gegenstände aus, die besonders „nachhaltig" sind oder die für dich ein Symbol für Nachhaltigkeit sind.** Das Taxi wartet schon und du hast weder Zeit für lange Überlegungen noch für Gespräche mit anderen Teilnehmern.

Du hast 7 Minuten Zeit, um zu packen, d.h. die Gegenstände zu notieren:

1 ______________________	5 ______________________
2 ______________________	6 ______________________
3 ______________________	7 ______________________
4 ______________________	

Schritt 2 (5 Minuten). Du hast den Koffer gepackt, aber das Kofferschleppen wird beschwerlich. Suche eine andere Person, die **zwei oder mehr** gleiche oder sehr ähnliche Dinge in ihren Koffer gepackt hat, sodass ihr Doppeltes zurücklassen könnt. Sobald du eine Person gefunden hast, bleibt ihr zusammen. Die doppelten Gegenstände markiert jeder in seiner obenstehenden Liste mit einem „X".

Wenn du keine solche Person findest, so erfährst du auf deiner Suche wenigstens, was andere Leute eingepackt haben und du kannst dich mit jemandem, der interessante Dinge dabei hat, zusammentun.

Schritt 3 (10 Minuten). Unerwartet muss das Flugzeug zusätzliche Ausrüstungsgüter mitnehmen. Die Passagiere werden aufgefordert, ihr Gepäck auf das Minimum zu reduzieren.

Sucht gemeinsam ein anderes, wenn möglich passendes, Paar. Notiert gemeinsam die allerwichtigsten Gegenstände, die ihr mitnehmen wollt (insgesamt höchstens 7).

Gemeinsame Gegenstände:

1 ______________________________

2 ______________________________

3 ______________________________

4 ______________________________

5 ______________________________

6 ______________________________

7 ______________________________

Schritt 4 (3 Minuten). Bei einer Zwischenlandung zum Auftanken gibt es Probleme. Die Behörden des Landes blockieren die Weiterreise. Auf Intervention der Uno erlauben sie die Fortsetzung der Reise, doch jeder Passagier darf nur ein einziges persönliches Gepäckstück mitnehmen. Wähle dieses für dich alleine und ohne Gespräche mit anderen aus.

Mein wichtigstes Gepäckstück:

____

Schritt 5 (7 Minuten). Tut euch zu neuen Gruppen von 5-6 Personen zusammen und lässt jeden der Reihe nach zu Wort kommen. Beschreibe, was der ausgewählte Gegenstand für dich bedeutet und schliesse, wenn möglich, auch in deine Überlegungen mit ein, was dir dies über dich selbst und dein Verständnis von nachhaltiger Entwicklung sagt.

Auswertung (Debriefing)

Bei der Auswertung geht es darum, anhand der ausgewählten Gegenstände die unterschiedlichen Prioritäten, Werte und Sichtweisen herauszuarbeiten und damit aufzuzeigen, dass die nachhaltige Entwicklung nicht einer vorgegebenen Linie folgt, sondern in einem gesellschaftlichen Such-, Lern- und Gestaltungsprozess gemeinsam gestaltet wird.

Das Debriefing kann mit der Strukturhilfe der „vier E's" gestaltet werden. Beim vierten „E", dem Vergleich mit der realen Welt, werden von den Teilnehmern oft folgende Parallelen genannt:

- Verschiedene Akteure (Teilnehmer) setzen sehr unterschiedliche Prioritäten bei nachhaltiger Entwicklung.
- Die Zeit für die Diskussion unterschiedlicher Standpunkte und die Entscheidungsfindung ist oft sehr knapp, beispielsweise an internationalen Konferenzen wie Johannesburg 2002. Dies kann negative Folgen für die Qualität der Entscheidungen haben.
- Unterschiedliche Gruppen wählen unterschiedliche Wege zur Entscheidungsfindung.

Weiterführende Anregungen

- Es ist möglich, das Spiel nach Schritt 3 abzubrechen.
- Von www.ucs.ch (Bereich service/download) können folgende Hilfsmaterialien heruntergeladen werden:
- Foliensatz für die Schritte 1–5
- Anleitung für Teilnehmer
- Übersichtsdarstellung zur nachhaltigen Entwicklung

Unterlagen zum Spiel

Die Kopiervorlagen stehen auf den beiden nächsten Seiten.

Das kleine Nachhaltigkeits-Spiel
Für Teilnehmer/innen

Was ist nachhaltige Entwicklung? Die Weltkommission für Umwelt und Entwicklung (Brundtland-Report, 1987) hat nachhaltige Entwicklung definiert: Nachhaltige Entwicklung ist Entwicklung, welche die Bedürfnisse der Gegenwart befriedigt, ohne zu riskieren, dass künftige Generationen ihre eigenen Bedürfnisse nicht befriedigen können.

Nachhaltige Entwicklung schliesst drei Dimensionen ein: Ökologie – Wirtschaft – Gesellschaft. In zeitlicher Hinsicht geht es um die Gegenwart und die Zukunft.

Die Nachhaltigkeit ist in der schweizerischen Bundesverfassung verankert: Art. 2.4 [Die Schweizerische Eidgenossenschaft] setzt sich ein für die dauerhafte Erhaltung der natürlichen Lebensgrundlagen und für eine friedliche und gerechte internationale Ordnung.

Art. 73 Bund und Kantone streben ein auf Dauer ausgewogenes Verhältnis zwischen der Natur und ihrer Erneuerungsfähigkeit einerseits und ihrer Beanspruchung durch den Menschen anderseits an.

Ausgangslage. Wir befinden uns im Jahr 2012. Weltweit haben sich die wirtschaftlichen, gesellschaftlichen und ökologischen Probleme verschärft. Lösungen sind keine in Sicht. Angesichts dieser Situation hat die Uno in einem weltweiten Wettbewerb Menschen ausgewählt, die gemeinsam nachhaltige Musterlösungen entwickeln sollen. In allerletzter Minute erfährst du, dass du zu den ausgewählten Teilnehmern gehörst.

Schritt 1 (7 Minuten). Im Flugzeug, das dich zum Treffen bringen wird, hat es noch Platz für einen Koffer. Darin kannst du 7 Gegenstände aus deinem persönlichen Haushalt mitnehmen. Wähle für deine Reise Gegenstände aus, die besonders „nachhaltig" sind oder die für dich ein Symbol für Nachhaltigkeit sind. Das Taxi wartet schon und du hast weder Zeit für lange Überlegungen noch für Gespräche mit anderen Teilnehmern.

Du hast 7 Minuten Zeit, um zu packen, d.h. die Gegenstände zu notieren

1 ________________________ 5 ________________________

2 ________________________ 6 ________________________

3 ________________________ 7 ________________________

4 ________________________

Schritt 2 (5 Minuten). Du hast den Koffer gepackt, aber das Kofferschleppen wird beschwerlich. Suche – im ganzen Raum – eine andere Person, die zwei oder mehr gleiche oder sehr ähnliche Dinge dabei hat, sodass ihr Doppeltes zurücklassen könnt. Sobald du eine Person gefunden hast, bleibt ihr zusammen. Die doppelten Gegenstände markiert jeder in seiner obenstehenden Liste mit einem **„X“.**

Wenn du keine solche Person findest, so erfährst du auf deiner Suche wenigstens, was andere Leute eingepackt haben und du kannst dich mit jemandem, der/die interessante Dinge dabei hat, zusammentun. Dieser Schritt dauert 5 Minuten.

C Literatur und Informationsquellen

1 Verwendete Literatur

Ammann, H. (1989). D*ie Konzeption der Planspielmethode. Lernen in und an sozialen Systemen, eine Konkretisierung des innovativen Lernens.* Dissertation der Universität Zürich.

BIBB Planspielforum (2003). Website über Planspiele des Bundesinstituts für Berufsbildung BIBB. www.vernetzt-denken.de/BIBB_Planspielforum/BIBB_Planspielforum.htm

Buddensiek, W. (1999). Simulationsspiel. In: F.-J. Kaiser & G. Pätzold (Hrsg.). *Wörterbuch Berufs- und Wirtschaftspädagogik* (353–355). Bad Heilbrunn/Obb: Klinkhardt.

Capaul, R. (2001). *Die Planspielmethode in der Schulleiterausbildung. Theoretische Grundlagen – praktische Anwendungen.* Bad Heilbrunn: Klinkhardt.

Capaul, R. (2001). Planspiele mit Erfolg einsetzen. In: C. Kreklau & J. Siegers (Hrsg.), *Handbuch der Aus- und Weiterbildung,* 137. Ergänzungslieferung. Köln: Fachverlag Deutscher Wirtschaftsdienst, 1–18.

Dewey, J. (1938). *Experience and Education.* New York: Collier and Kappa Delta Pi.

Duke, R. D. (1996). Persönliche Mitteilung im Rahmen der Fortbildung „Professional Program in Simulation and Gaming Studies", College of Architecture and Urban Planning, University of Michigan, Ann Arbor.

Ebert, G. (1978). *Planspiel: Wettbewerb,* J. P: Bachen, Köln.

Ebert, G. (1993). Kreatives Denken fördern. Personalwirtschaft, (11), 18–22.

Geilhardt, T. (1994). Planspiele – Definition und Taxonomie. In: T. Geilhardt & T. Mühlbradt (Hrsg.) (1994). *Planspiele im Personal- und Organisationsmanagement* (44–55). Göttingen: Verlag für angewandte Psychologie.

Geurts, J. (1998, Juli). *Open and structured simulations; a comparison.* Paper presented at the annual meeting of the ISAGA, St. Petersburg.

Geuting, M. (1992). *Planspiel und soziale Simulation im Bildungsbereich.* Studien zur Pädagogik, Andragogik und Gerontagogik, Band 10, Frankfurt: Lang.

Gredler, M. E. (1992). *Designing and Evaluating Games an Simulations. A Process Approach.* London: Kogan Page.

Jones, K. (1996). Hidden damage to facilitators and participants. In: *Simulation Now! Learning through experience: The Challenge of Change.* Proceedings of the 26th Annual International Conference of the International Simulation and Gaming Association (ISAGA), 1995. Amparo García-Carbonell and Francis Watts (eds.). Diputació de València, p. 53–61.

Kaiser, F. J. & Kaminski, H. (1994). Methodik des Ökonomie-Unterrichts. Grundlagen eines handlungsorientierten Lernkonzeptes mit Beispielen. Bad Heilbrunn: Klinkhart.

Keim, H. (1992). Kategoriale Klassifikation von Plan-, Rollenspielen und Fallstudien. In H. Keim (Hrsg.). *Planspiel, Rollenspiel, Fallstudie. Zur Praxis und Theorie lernaktiver Methoden.* Reihe Wirtschaftspädagogik, Bachem: Wirtschaftsverlag.

Keys, B. & Wolfe, J. (1990). The role of management games and simulations in education and research. *Journal of Management,* 16 (2), 307–336.

Klippert, H. (1984). *Wirtschaft und Politik erleben. Planspiele für Schule und Lehrerbildung.* Weinheim und Basel: Beltz.

Klippert, H. (1992). Planspiele in Schule und Lehrerfortbildung. Überlegungen zur Implementation des Planspiels in der Schule. In: H. Keim (Hrsg.). *Planspiel, Rollenspiel, Fallstudie. Zur Praxis und Theorie lernaktiver Methoden.* Reihe Wirtschaftspädagogik, Bachem: Wirtschaftsverlag.

Kolb, D. A. (1984). *Experiential Learning – Experience as the Source of Learning and Development.* Prentice Hall.

Kriz, W. C. (2000). *Lernziel: Systemkompetenz. Planspiele als Trainingsmethode.* Göttingen: Vandenhoeck & Ruprecht.

Lane, D. C. (1995). On a resurgence of management simulations and games. *Journal of the Operational Research Society,* 46, 604–625.

Lederman, L. C. (1992). Debriefing: Toward a systematic assessment of theory and practice. *Simulation & Gaming,* 23 (2), 145–160.

Lenzen, A. (1997). *Sozialkompetenz durch Gruppenarbeit.* Ein Unterrichtskonzept. Darmstadt: Wiklers Verlag, Gebrüder Grimm.

Mandl, H., Gruber, H. & Renkl, A. (1994). Zum Problem der Wissensanwendung. *Unterrichtswissenschaft,* 22 (3), 233–242.

Meadows D. L. (1999). Learning to be Simple: My Odyssey With Games. *Simulation & Gaming,* 30 (3), 342–351.

Petranek, Ch. (1992). Three levels of learning in simulations: Participating, debriefing, and journal writing. *Simulation and Gaming: An International Journal,* 23 (2), 174–185.

Petranek, Ch. (1994). A Maturation in Experiential Learning: Principles of Simulation and Gaming. *Simulation & Gaming,* 25 (4), 513-523 und 536-544.

Petranek, Ch. (2000). Written debriefing: the next vital step in learning with simulations. *Simulation and Gaming: An International Journal,* 31 (1), 108–118.

Sauer, H. (1997). Die antropologische Bedeutung des Spiels. *Kommunikation,* 22 (78), 4–13.

Saunders, D. & Powell, T. (1998). *Developing a European media simulation through new information an communication technologies: the TENSAL project.* In Rolfe (Ed). The International Simulation and Gaming Research Yearbook. Volume 6, London: Kogan Page.

Schulz von Thun, F., Ruppel, J. & Stratmann, R. (2001)., Miteinander reden: Kommumikationspsychologie für Führungskräfte, 2. Auflage, Reinbeck bei Hamburg: Rohwolt Taschenbuch Verlag GmbH.

Ulrich, M. (1997a, 1997b, 2002). Angaben siehe Kapitel 2.5.

2. Ressourcenliste

2.1 Zeitschriften/Periodika

Simulation & Gaming: An Interdisciplinary Journal of Theory, Practice and Research. (vormals: Simulation and Games). Sage Publications, London. www.unice.fr/sg

Zeitschrift mit wissenschaftlichen und praxisorientierten Fachartikeln zur Methodik der Simulations- und Planspiele in Bildung, Training, Consulting und Forschung.

Jahrbuch der SAGSET (The Society for the Advancement of Games and Simulations in Education and Training): The International Simulation & Gaming Yearbook. Kogan Page, London. www.ms.ic.ac.uk/sagset.

2.2 Fachvereinigungen

SAGSAGA – Swiss Austrian German Simulation and Gaming Association – Vereinigung für Planspiele in Deutschland, Österreich und der Schweiz. Jährliche Mitgliederversammlung, regelmässige Netzwerktreffen. www.sagsaga.org.

ISAGA – International Simulation and Gaming Association. Weltweite Vereinigung für Simulations- und Planspiele; jährliche internationale Konferenz. isaga.pm.it-chiba.ac.jp.

2.3 Weiterbildungsmöglichkeiten für die Arbeit mit Planspielen

Fortbildungskurse (Planspiele im eigenen Unterricht mit den Planspielen Stratagem und New Commons Game (Kap. 2.7); Kurze Simulationsspiele; Simulationsspiele selbst entwickeln. Informationen: bei den Autoren oder www.ucs.ch/planspiele/schule.

Diese Kurse vermitteln Kompetenzen für die Arbeit mit der Planspielmethode. Sie werden von Roman Capaul und Markus Ulrich gemeinsam gestaltet und durchgeführt und richten sich an Lehrkräfte an Berufs- und Mittelschulen.

Leitungskompetenz – Steuern und Beraten von Gruppen. Berufsbegleitende Fortbildung. Zentrum für angewandte Psychologie ZAP, Nürnberg (Kurt Kolvenbach, www.nuernbergerzentrum.de).

Diese prozessorientierte Fortbildung befähigt u.a. zur Arbeit mit Planspielen (Gestaltung von Workshops, Begleitung der Teilnehmenden während Spiel- und Auswertungsphase). Sie dauert 1 1/2 Jahre und wird berufsbegleitend durchgeführt.

SAGSAGA/ISAGA-Summer School – The Art and Science of Simulation and Gaming Design. Geplant in zweijährigem Turnus ab Sommer 2004. www.sagsaga.org.

2.4 Internet

www.vernetzt-denken.de/BIBB_Planspielforum/BIBB_Planspielforum.htm. Planspielforum des BIBB (Bundesinstitut für Berufsbildung) mit Planspielkatalog, Literaturlisten und weiteren Informationen zu Planspielen.

www.umweltspiele.ch. Die Seite enthält eine Datenbank von online zugänglichen Spielen zu Umwelt und Nachhaltigkeit. Die Spiele sind kurz kommentiert und können nach Thema (Energie, Verkehr, Artenschutz, etc.), Spielart (z.B. Frage, Memory, Virtuelle Tour, etc.) und Sprache sortiert werden. Die Webseite wurde von der Zürcher Firma Gammarus und UCS Ulrich Creative Simulations im Rahmen des Projekts „Virtuelle Schule für Umweltmanagement“ (www.visumsurf.ch) initiiert.

www.thiagi.com. Website von „Workshops by Thiagi, Inc.“. Sehr viele gute, kurze Simulationsspiele zu Kommunikation, Teambildung und weiteren Themen.

www.pon.org. Website des „Program On Negotiation At Harvard Law School, Clearinghouse“. Sorgfältig ausgearbeitete Fallstudien zu diversen Konfliktthemen. Englisch. Einzelne Fallstudien sind auch in deutsch und weiteren Sprachen verfügbar.

www.ms.ic.ac.uk/sagset. Website der „SAGSET Society for the Advancement of Games and Simulations in Education and Training“ (U.K.). Diverse Ressourcen zu Simulationsspielen. Interaktives Frage-Board. Informationen zu aktuellen Konferenzen.

2.5 Allgemeine Publikationen

Bredemeier, M. E. & Greenblat, C. S. (1981). The Educational Effectiveness of Simulation Games – A Synthesis of Findings. Simulation & Games, 12 (3), 307–332.

Capaul, R. (2001). Die Planspielmethode in der Schulleiterausbildung. Theoretische Grundlagen – Praktische Anwendungen. Forschung, Julius Klinkhardt, Bad Heilbrunn.

Habilitationsschrift über die Planspielmethodik mit Anwendungsbeispiel Schulleiterausbildung. Gibt einen systematischen Überblick über die Planspielmethodik.

Dörner, D. (1989). Die Logik des Misslingens – Strategisches Denken in komplexen Situationen. Rowohlt: Hamburg.

Amüsant präsentierte, aber nachdenklich stimmende empirische Resultate über die menschliche Fähigkeit, komplexe Situationen zu bewältigen.

Duke, R.D. (1974). Gaming, the Futures Language. SAGE Publications, John Wiley and Sons, London/New York.

Ein Schlüsselwerk zur Planspielmethodik.

Heitzmann, W. R. (1983). Educational Games and Simulations. Second Revised Edition (First Edition 1974). National Education Association of the US.

Sehr guter und immer noch aktueller Überblick über den Einsatz von Plan- und Simulationsspielen im Unterricht.

van Ments, M. (1998). Rollenspiel: effektiv. Ein Leitfaden für Lehrer, Erzieher, Ausbilder und Gruppenleiter (3. unveränderte Auflage). München: Oldenbourg.

Sterman, J. D. (1994). Learning in and about complex systems. Systems Dynamics Review, 10 (2–3): 291–330.

Lesenswerter Artikel über die Natur komplexer Systeme und die Begrenztheit der menschlichen Fähigkeiten in und über solche Systeme zu lernen.

Ulrich, M. (1997). Links Between Experiential Learning and Gaming/ Simulation. In: Gaming/Simulation for Policy Development and Organizational Change. Jac Geurts, Cisca Joldersma, Ellie Roelofs, eds. Proceedings of the 28th Annual International Conference of the International Simulation and Gaming Association (ISAGA), July 1997, Tilburg, The Netherlands, pp. 269–276. Download von www.ucs.ch/service/download.

Darstellung des Lernens in Simulations- und Planspielen mit Bezug zum erfahrungsbasierten Lernen.

Ulrich, M. (1997). Games/Simulations About Environmental Issues. In: siehe obiger Artikel, pp. 301–312. www.ucs.ch/service/download.

Zusammenstellung und systematische Auswertung von Simulations- und Planspielen zu Umweltthemen.

Ulrich, M. (2002). Sind Planspiele langwierig und kompliziert? Eine Abhandlung über die Planspielmethodik und die Ausbildung von Planspiel-Fachleuten. In: Planspiele in der beruflichen Bildung, BIBB-Planspielkatalog. www.ucs.ch/service/download.

Übersichtsarktikel über Planspiele. Das Artikel beschreibt Vorteile bzw. Nachteile von einfachen vs. komplexen Planspielen und gibt einen Überblick über verschiedene Seminare zur Planspielmethodik.

Ulrich, M. (2003). Mit Planspielen nachhaltige Entwicklung erleben! Der Beitrag der Planspielmethodik zur Bildung über Nachhaltigkeit. In: *DGU Nachrichten (Mitgliedermagazin der Deutschen Gesellschaft für Umwelterziehung)*. Heft 27. www.ucs.ch/ service/download.

Der Artikel beleuchtet das Potential von Planspielen im Kontext der Bildung über Nachhaltigkeit. Er richtet sich an Lehrkräfte und Trainer, die ihr Methodenspektrum erweitern möchten und an Verantwortungsträger, die Bildung über Nachhaltigkeit mitgestalten.

2.6 Publikationen mit allgemein einsetzbaren Simulationsspielen

Booth Sweeny, L. & Meadows, D. (1995). The Systems Thinking Playbook. Exercises to stretch and build learning systems thinking capabilities. Volume I, II & III. Laboratory for Interactive Learning, IPSSR, Thompson Hall, University or New Hampshire, Durham, NH 03824, USA (Tel. 001 603 862 2186, Fax 001 603 862 4140).

Unterhaltsame und lehrreiche Spiele zum Thema vernetztes Denken und Teambildung von einem der Autoren des bahnbrechenden Buches „Grenzen des Wachstums“ aus den 70er Jahren.

Cattin, D. (1993). L'animation en jeux. Table des matières générales. Repères et outils pour cheminer en groupe. Fédération de la jeunesse catholique et protestante de Suisse romande – FEDE, Secrétariat, 22, Louis d'Orléans, 2000 Neuchâtel. (Weitere Informationen zur Bezugsquelle bei M. Ulrich, Stichwort: B81/7 BUHA98).

Grosse Sammlung von (Simulations-) Spielen mit wertvollen Informationen über den Einsatz von Spielen. Viele der dargestellten Spiele haben einen „Jugendgruppen“-Touch.

Gilbert, D. & Rozé, Y. (1998). 52 Jeux d'Rôles pour donner de la vie a vos séminaires. Images pour la formation. IPLF – 15 Av. de Ségur – 75007 Paris (ISBN 2907078054)

Jones, K. (1995). Icebreakers. A sourcebook of games, exercises and simulations (second edition). Kogan Page Ltd., 120 Pentonville Road, London N1 9JN (ISBN 0 7494 18532).

Klippert, H. (1999). Planspiele – Spielvorlagen zum sozialen, politischen und methodischen Lernen in Gruppen. 10 komplette Planspiele (2. Auflage). Weinheim und Basel: Beltz.

Vollständig dokumentierte Rollenspiele zu verschiedenen Konfliktthemen (Arbeitsplatzabbau, Naturschutz, etc.). Die Teilnehmenden bekommen detaillierte Unterlagen zu ihrem Fall und ihrer Rolle. Nach dem Studium der Unterlagen und Diskussionen innerhalb der Parteien diskutieren die Interessenvertreter den Fall im Plenum.

2.7 Planspiele

Auf dem Holzweg. Ein Spiel um Ökologie und Entwicklung. Spiele zur Entwicklungspolitik. Herausgeber: Brot für die Welt – Misereor. 5-25 Personen ab ca. 16 Jahren, Spielzeit 2x45 Minuten, zuzüglich Auswertung. Bezug: Stiftung Bildung und Entwicklung, Zürich, Bern, Lausanne. www.globaleducation.ch

Corebifa® – Nachhaltige Entwicklung und Ernährung. Das Thema des Planspiels Corebifa sind die nachhaltige Entwicklung und Veränderungsprozesse im Ernährungssektor. Zielgruppe: Mittel-, Berufs- und Landwirtschaftsschulen, Lebensmittelindustrie und -handel, Beteiligte an Lokale-Agenda-21-Prozessen, NGOs. Dauer 1-2 Tage, 10–25 Personen. Weitere Information: Markus Ulrich, UCS Ulrich Creative Simulations, Zürich, www.ucs.ch

Crystal Enterprise®. Brettgestütztes Unternehmensplanspiel. TargetSim AG, Zürich. Schweiz. www.targetsim.com.

Crystal Hospital®. Brettgestütztes Spitalplanspiel. TargetSim AG, Zürich. Schweiz. www.targetsim.com.

Ecorel (Economics Relation).
„Ecorel" wird in kleinen Gruppen gespielt. Im Spiel gibt es zwei Staaten, das Euro- und das Fraland. Die beiden Staaten bestehen aus jeweils einer Anlagebau AG, einer Gerätebau AG, einer Bank und dem Staat selbst. Die Unternehmen widerspiegeln jeweils eine ganze Branche. Gespielt wird über fünf Jahre, wobei ein Jahr einen Tag dauert. Ziel des Spiels ist es, möglichst viel für das magische Sechseck zu tun: Vollbeschäftigung, aussenwirtschaftliches Gleichgewicht, sozialer Ausgleich, Umweltqualität, stabile Preise und wirtschaftliches Wachstum. Die Unternehmen sind nicht nur dem eigenen Wohlergehen verpflichtet, sondern sollen auch möglichst viel für eine gesunde Volkswirtschaft tun. Zielkonflikte sind somit vorprogrammiert. Die Entscheidungen über Kauf, Investition, Produktion und Finanzierung der Unternehmer und des Staates werden am Ende des Jahres von den Spielleitern in den Computer eingegeben. Die „Ecorel"-Software wertet die Daten der beiden Länder aus und berechnet die weitere Entwicklung des Spiels.

Im Spiel wird der Verkauf von überflüssigen Gebäudeeinheiten ebenso belohnt wie die Einführung von Kurzarbeit bei einer Baisse oder die Investition in ökologische Produkte und Innovation. Das Spiel bestraft aber auch den Staat, wenn er versucht, bei strukturellen Problemen eine Branche künstlich zu stützen. Durch gute Kontakte und geschickte Kommunikation lassen sich einfacher Geschäfte abschliessen.

Informationen unter www.esst.ch.

Fishbanks. Simulationsspiel über die Fischerei in den Weltmeeren und die nachhaltige Bewirtschaftung von natürlichen Ressourcen. Realistische Simulation, mit Computerunterstützung. 8–30 Teilnehmende.

Bezug: Laboratory for Interactive Learning, IPSSR, Thompson Hall, University of New Hampshire, Durham, NH 03824, USA. Tel. 001 603 862 22 44, ipssr.games@unh.edu.

Kaffeespiel. Planspiel über die Produktion und den Handel mit Kaffee. Bezug: Stiftung Bildung und Entwicklung, Zürich, Bern, Lausanne.

Mensch und Technik im Europa von Morgen. Planspiel zur ökologischen Nachhaltigkeit in der Praxis. Materialien der Forschungsgruppe Jugend und Europa, Band 11, Sascha Meinert. ISBN 3-933456-19-3. Tel +49 89 2180 1340, www.cap.uni-muenchen.de/fgj/ publikationen/materialbaende/11.htm, fgj@lrz.uni-muenchen.de.

MoPoS – Ein Geldpolitik-Simulations-Spiel. „Monetary Policy Simulation Game“ ist ein Computerspiel, mit dem sich die Teilnehmenden in die Situation einer fiktiven Zentralbank versetzen und die Geldpolitik einer einfachen virtuellen Volkswirtschaft simulieren können. Das Spiel wurde geschaffen, um die Benutzerinnen und Benutzer für die Möglichkeiten und Schwierigkeiten der Geldpolitik zu sensibilisieren.

Die Simulation benötigt Windows 95 und Excel 97 und kann vom Internet heruntergeladen werden (www.snb.ch/d/publikationen/text_mopos.html).

New Commons Game – Bewirtschaftung natürlicher Ressourcen. Das Planspiel thematisiert am Beispiel der Hochseefischerei das Spannungsfeld zwischen kurzfristiger Profitmaximierung und langfristiger Erhaltung einer Ressource („Tragödie der Allmende“). Es vermittelt Systemverständnis und die Kompetenz, Ressourcen langfristig erfolgreich zu nutzen. Dauer 2–6 Stunden, 6–24 Teilnehmende.

Weitere Information, aktuelle Kursdaten und Bezug für den Einsatz in Schulen: Markus Ulrich, UCS Ulrich Creative Simulations, Zürich, www.ucs.ch.

Notenbank-Simulation. Je 3-4 Teilnehmende bilden ein Direktorium, das eine optimale Geldmengenanpassung an die Konjunktur vornehmen soll. Für jede Runde wird fortlaufend, bei veränderlicher Wirtschaftslage, die Geldmenge angepasst. Die Simulation ist für 9 Direktorien vorbereitet und kann beliebig erweitert werden. Modell in Microsoft Excel. Bezug: Urs Beutler, Postfach 119, CH-3322 Schönbühl, 031 305 82 22, 079 512 58 08, ursbeutler@hotmail.com.

Planspiel Alpina. Planspiel zur Regionalentwicklung im Alpenraum mit den folgenden Rollen: Gemeindepräsident, Bauunternehmer, Bauer/Bäuer, Ladenbesitzer. Garagist, Lehrer etc.). Die Aktivität verläuft in mehreren Spielschritten: Vorstellung des Dorfes Alpina, Debatte und Gemeindeversammlung zum Projekt „Sessellift", Fortentwicklung je nach Abstimmungsergebnis. Aarau: Sabe Verlag. Vergriffen.

Stratagem – System- und Sozialkompetenz. Das Planspiel STRATAGEM vermittelt Systemkompetenz, Sozialkompetenz und die Fähigkeit zur effizienten Datenanalyse. Die Teilnehmenden gestalten als Minister die Volkswirtschaft und die ökologische Situation eines Landes. Kenntnisse in Volkswirtschaft, nachhaltiger Entwicklung und Umwelt/Ökologie, wie auch sorgfältiger Umgang mit den vorhandenen Informationen und gute Teamarbeit sind wichtig für den Erfolg im Planspiel. Realistische Simulation, mit Computerunterstützung. 4-8 Teilnehmer je Land, Dauer 1–2 Tage.

Weitere Information, aktuelle Kursdaten und Bezug für den Einsatz in Schulen: UCS Ulrich Creative Simulations, www.ucs.ch.

Wen macht die Banane krumm: Ein Handelsspiel (aus: Spiele zur Entwicklungspolitik). Mindestens 18 Personen, ab 14 Jahren. 2 Stunden plus Auswertung. Bezug: Stiftung Bildung und Entwicklung, Zürich, Bern, Lausanne. www.globaleducation.ch.

3. Stichwortverzeichnis